越是红火的企业，越要定期改变物品摆放位置

日本中小企业经营书系

小さな会社の儲かる整頓

[日] 小山升 —— 著

苏木玲 ———— 译

人民东方出版传媒
People's Oriental Publishing & Media
东方出版社
The Oriental Press

图字：01-2023-0101 号

CHIISANA KAISHA NO MOUKARU SEITON written by Noboru Koyama
Copyright © 2017 by KOYAMA KEIEI KEIKAKU KENKYUKAI. All rights reserved.
Originally published in Japan by Nikkei Business Publications, Inc.
Simplified Chinese translation rights arranged with Nikkei Business Publications, Inc.
through Hanhe International (HK) Co., Ltd.

图书在版编目（CIP）数据

越是红火的企业，越要定期改变物品摆放位置／（日）小山升 著；苏木玲 译. —北京：东方出版社，2023.6
（日本中小企业经管书系；3）
ISBN 978-7-5207-3387-8

Ⅰ.①越… Ⅱ.①小… ②苏… Ⅲ.①中小企业—企业管理—日本 Ⅳ.①F279.313.43

中国国家版本馆 CIP 数据核字（2023）第 049948 号

越是红火的企业，越要定期改变物品摆放位置
(YUESHI HONGHUO DE QIYE, YUEYAO DINGQI GAIBIAN WUPIN BAIFANG WEIZHI)

作　　者：[日] 小山升
译　　者：苏木玲
责任编辑：吕媛媛
责任审校：金学勇　孟昭勤
出　　版：东方出版社
发　　行：人民东方出版传媒有限公司
地　　址：北京市东城区朝阳门内大街 166 号
邮　　编：100010
印　　刷：北京汇瑞嘉合文化发展有限公司
版　　次：2023 年 6 月第 1 版
印　　次：2023 年 6 月第 1 次印刷
开　　本：787 毫米×1092 毫米　1/32
印　　张：8.5
字　　数：98 千字
书　　号：ISBN 978-7-5207-3387-8
定　　价：68.00 元
发行电话：(010) 85924663　85924644　85924641

版权所有，违者必究
如有印装质量问题，我社负责调换，请拨打电话：(010) 85924602　85924603

何为一家赢利的公司？我的答案是："赢利的公司=能够定期更换物品摆放位置的公司。"

如果你正在书店的书架前阅读这本书，你就会明白，越是生意红火的书店，越会根据畅销程度频繁更换产品（图书）的位置。反而在那些门可罗雀的书店，你会看到同一本书在书架上放了多年，却还在同一个地方吃灰。即使是相同数量的同一本书，选择摆放的位置也会对利润产生巨大影响。市场上只有客户和竞争对手，客户是不断变化的，因此迅速应对客户变化的公司总能在与竞争对手的较量中出奇制胜。企业经营管理的基本结构很简单，这就是为什么那些善于不断改变的公司能赚钱。当下，客户与世界变化疾如旋踵，这是一个需要重申的真理。

那么，我们要改变的是什么？社长改弦更张，员工做出改变，换言之，公司上下齐心改变。这是一个崇高的理想，但可悲的是，它并不十分有效。人的思想是不稳定的、无形的，且变化的结果是无法核实的。同时，行动的结果也很难核实，缺乏持续性。

为取得成效，我们需要改变的是具体的、可核实的、有形的东西。其中第一条就是物品摆放的位置。客户和世界形势不断变化发展，对此相应地更改物品位置，员工的行为也随之变化，结果就会带来心态的改变。所谓整顿，就是变换物品的位置。我认为，公司能否赢利70%取决于整顿。本书就旨在传达整顿的艺术。

迄今为止，笔者共写了50多本关于企业经营

前 言

管理之道的书籍。正是因为管理的精髓在于实地的工作现场，所以总有一些无论如何都难以用言语传达的东西。因此，本书含有大量的现场照片，可供读者查看。乍一看，这些照片都是再普通不过的办公室和仓库场景，但其背后隐藏着员工的良苦用心，也包含着企业构建的机制。

我认为，能从中洞悉多少，清晰地体现了匠人的专业水平。可以说，本书也是一本能测出你有多少"赚钱能力"的读物。

从20年前开始，我们公司（武藏野公司）就一直致力于开展"现场参观学习会"活动，向中小型企业的管理者、高层和员工展示我们公司的工作现场。每月两次，人数上限60，人均参观费用37800日元（约合人民币2018元）。每场学习会人数都达到了上限。截至目前，已经有超过2万人参加过现场视察。如果算上其他研讨会，付费前来参观的人数已经突破5万了。

企业管理者来现场参观学习的原因是什么？武藏野连续18年实现增收，营业额高达54亿日元（约合人民币2.8823亿元），实际经常性净利润率达9%。高层们敏锐且精准地察觉到，"公司强大的秘诀在于现场"。不过，他们最终能达到的水平因人而异。即使是每家公司都有的销售额图表，细微的制作差别也会产生不同的效果。图表是激发了员工的工作动力，还是削弱了员工的热情？只看一眼就能知晓其中细微差别的人并不多，而看一眼就能得到的信息也称不上秘诀。除非被问及，否则我不会详细解释每一个秘诀的细节。不说出来并不是摆架子，而是因为若是逐一介绍，内容就会过于庞大，没完没了了。

仅凭自己观察就能注意到现场隐藏的秘诀的公司社长会再次参加现场参观学习会。"仅仅来一次是无法全部吸收的。"他们怀揣着这样的想法再来学习时，会注意到现场多了上次没有的内容。

前言

因为我们的现场背后是一个让员工不断进行业务改善的循环机制。如此一来，他们就更感兴趣了。"下次再来时，会出现怎样的创新呢?""下次得带上员工一起来。"这样一群多次参观学习的"回头客"占总参观人数（5万人）的一半左右。这就如同一个现场版的迪士尼乐园，不断加入新节目就不会让游客觉得没有新鲜感。换言之，武藏野就是一个管理的仙境。

不过，还有很多社长没有注意到我们公司与自己公司的区别。"这种表格我们公司就有，他们的现场究竟好在哪?"许多怀抱这一想法的人第一次就在我们的现场碰壁了，他们毫无收获。37800日元的学费也就白白浪费了。这些高层如果不提高自身的洞察力，那么无论去参观多么成功的企业，他们都不会学有所得。

本书全是关于"现场参观学习"的本质的内容。无论是一次也没到武藏野现场参观过的人，还是只来过一次但没有全面学习的人，本书都能派上用场。在走马观花的参观学习会上，我们已经仔细说明了诸多要点。对于已经参观多次的人来说，希望本书能为你带来新的启发。此外，如果企业管理者、高层和员工一起阅读这本书的话，他们将会对"实力强大的现场"形成共识，在这一点上，本书也有助于构建公司内部的共同价值观。

迫切希望提升公司业绩，或是在工作上取得了一定成就的企业管理者、高层追求的不是唯心论，而是具体的解决方案。何为改善经营的最具体的、一看便知的解决方案呢？我的答案是"改善环境"。除了改变物品的摆放位置和方式这一"整顿"诀窍外，还需要彻底落实整理、整洁、礼仪、纪律。这是一剂万能药，可以在任何职场引入，并且可以直接看到结果。

其中，第一步就是借鉴其他公司已经取得卓

前 言

越成效的方法。本书通过照片提供了大量可借鉴参考的素材，你不妨尝试借鉴一番，哪怕是只参考其中的一个做法，也能迈出给公司带来巨大变化的第一步。

值此本书出版之际，我向帮忙拍摄了大量照片的的野弘路、铃木爱子和栗原克己等伙伴表示感谢。在编辑过程中，我曾获得福光惠老师、日经新闻BP公司的小野田鹤女士的大力支持与帮助。借此机会，我向两位致以诚挚的谢意。

小山升

前言 ··· I

本书摘要 ··· 1

【总论】为什么说"整顿最重要"?

第1章 整顿要"由形入心" ················· 001

问题1 工作中,物品摆放的基准是什么? ····· 003

问题2 员工为什么不放弃麻烦的做法? ········ 006

问题3 何为"贯彻落实"? ······················· 009

问题4 打扫卫生和环境改善有何区别? ········ 018

问题5 整理、整顿和战略、战术的关系是? ··· 020

问题6 优秀人才是指? ···························· 024

问题7 如何改变员工的思想? ···················· 026

第 2 章　整理的秘诀在于撤除物品存放的场所 ………… 031

问题 8　把柜门全部拆掉的原因是？……………… 033

问题 9　不增加多余物品的秘诀是？……………… 036

问题 10　为什么整顿比整理更重要？………… 041

问题 11　有个人储物柜的公司问题出在哪里？……………… 044

问题 12　在垃圾桶上装滑轮的原因是？……… 047

问题 13　该不该批评不发传单而直接丢掉的员工？……………… 051

问题 14　如何快速减少多余的物品？………… 055

第 3 章　过分注重整洁的"陷阱" ………… 059

问题 15　为什么公司不一起打蜡呢？………… 061

问题 16　为什么把地板擦干净具有重要意义？……………… 067

问题 17　换拖鞋上班的公司问题出在哪里？……………… 070

目 录

问题 18 在打扫方面用力过猛的问题
出在哪里？ ………………………… 074

问题 19 为什么打扫厕所卫生能够
瓦解年轻人的心防？ …………… 079

【分论】效果立竿见影的整顿技巧

第 4 章 注重数字，注重色彩 ………… 087

问题 20 如何决定工具的数量？ ………… 089

问题 21 给工具标号的原因是？ ………… 092

问题 22 用橡皮筋挂着的标签
发挥的作用是？ ………………… 098

问题 23 为什么这本书是彩色印刷？ …… 105

问题 24 订货管理的难点在于？ ………… 110

问题 25 拥有 12 色荧光笔的员工
问题出在哪里？ ………………… 114

3

第5章　别把愿望变成口号 117

问题 26　对业务改善来说不可或缺的
信息是？...... 119

问题 27　"注重结果"指的是注重什么？...... 127

问题 28　无效标语的特征是什么？...... 129

问题 29　让员工充满干劲儿的表格的魔力是？... 131

问题 30　最有效的业绩图的做法是？...... 138

问题 31　如何防止计划表的形式化？...... 145

问题 32　社长检查员工制作的"实行计划表"时，
应该检查什么？...... 149

问题 33　"下情上达"的经营管理
是正确的吗？...... 151

第6章　击溃99%的错误，超模拟信息管理 ... 157

问题 34　使用磁铁的检查表究竟
方便在哪里？...... 159

问题 35　重要的信息均用模拟化的手段共享，
原因是？...... 166

目 录

问题36 以模拟化方式呈现客户意见的
原因是？·················· 175

第7章 员工的满意度从强制沟通开始 ······ 183

问题37 为什么管理岗位要
"现场陪同巡视100次"？·········· 185

问题38 允许报销"单独吃饭"费用的
原因是？·················· 191

问题39 让员工写感谢卡有什么教育成果？····· 197

问题40 如今，企业间的竞争争夺的是？ ····· 202

问题41 "真浪费啊"是正确的价值观吗？····· 205

【组织架构篇】实力强大的现场=检查+水平展开

第8章 确定标准后再检查 ············ 209

问题42 下令让员工行动之后，应该
做的事情是？··············· 211

问题43 社长到现场巡视就足够了吗？········ 216

问题44 决定评价标准的秘诀是？·········· 222

问题45　规范员工行为的秘诀是？ …………… 229

第9章　公司内部借鉴，一起迈向未来 …… 235

问题46　视察优秀企业之前，应该让员工
　　　　看的地方是？ ………………………… 237

问题47　让注意不到的员工注意到
　　　　的方法是？ …………………………… 241

问题48　一心想改变公司的社长会陷入
　　　　什么误区？ …………………………… 247

后　记 …………………………………………… 251

本书摘要

在本书中,我将以企业管理者最重视的"整顿"为主轴,用照片解释能够创造强大的工作现场的要点——"环境改善"。

环境改善有五大要素。除了整顿之外,五大要素还包括整理、整洁、礼仪和纪律。在第1章至第3章的"总论"中,我将重点说明整顿、整理和整洁这三个关键要素,并说明为什么整顿是最重要的。第4章至第7章的"分论"中,我将更详细地介绍整顿,深入挖掘库存管理、图表的制作方法和整顿的要诀。

第8章和第9章是"组织架构篇"。第8章介绍的是"环境卫生改善检查",即社长和管理者们在检查工作现场时的想法和诀窍。第9章介绍的是能将源于现场环境改善的业务改善在全公司范围内展开的结构,其核心在于"巴士巡视"(Bus Watching)培训。

【总论】

为什么说"整顿最重要"?

第 1 章

整顿要"由形入心"

问题 1　工作中，物品摆放的基准是什么？

请观察图 1-1 的照片，它是我在近期巡视现场时注意到的案例，其中的整顿巧思给我留下了深刻印象。这一做法并不是我想出来的，它是员工自发改进的一个项目。

在这张不起眼的照片里，究竟是什么给我留下了如此深刻的印象呢？我向编辑本书的小野小姐抛出这一问题时，她回答说："应该是梯子按照由高到低的顺序排列吧，而且墙上还贴了标识。"

这个回答没有错，但梯子按高度排列的目的是什么呢？这才是关键。所以我又问了她一个问题："如果我们把梯子的顺序倒过来，你觉得会发生什么？"

梯子是按照什么顺序排列的？

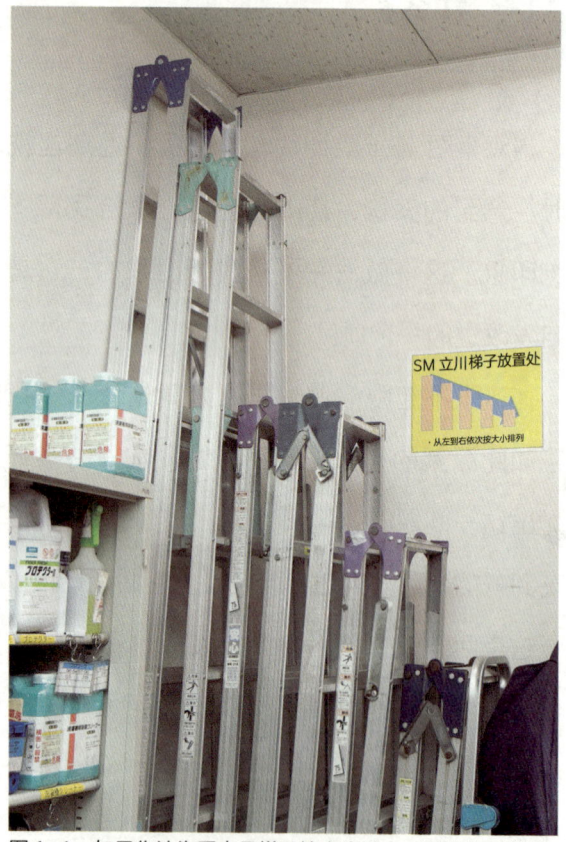

图 1-1 如果你认为重点是梯子按高度排序，那就太可惜了。
如果从做生意的本质角度来思考的话，结果又是怎样的呢？

"靠墙的会是较矮的梯子，那么梯子就不是很稳定了，感觉会倒下来。"

虽然小野小姐的答案没有问题，但很可惜，这并不是问题的本质。所以，我最后给了她一个决定性的提示："你认为高的梯子和矮的梯子，哪个使用的频率更高？"

"啊，原来如此。"提示至此，她也理解了其中的意图。

梯子是一种工具，现场中矮的梯子的使用场景更多，使用频率更高。也就是说，矮的梯子的取放次数更多。于是，注意到这一点的员工就把较矮的梯子放在了最容易拿到的位置。此外，为了更加彻底地改善，他还制作了一个明确的标识。这就是那位想出这个点子的员工的最终目的。

换句话说，这项业务改进的实质并不是按照高度摆放梯子，而在于按照使用频率摆放梯子。

答：按照使用频率由高到低摆放。

问题 2　员工为什么不放弃麻烦的做法？

你可能认为梯子的排列顺序不过是一件微不足道的小事。但无论如何，能够根据使用频率来陈列物品是"生意"这门学问中再基本不过的内容了。然而，在繁忙的生活中，它却很容易被我们抛之脑后。如果就这样放任不管，公司的业绩就会一点一点恶化。

例如，某公司购进了一批新产品，但因为仓库的前面没有空间摆放，就随便先找了个空位，放到了仓库深处。结果，这个新产品十分热销，每天都要搬进搬出。员工们每天都要到仓库的最里面取放热销产品，这是多么巨大的浪费啊！

为了拿出热销产品，你必须花 25 步走到仓库里面，来回就是 50 步。但如果把这个热销产品移

第1章 整顿要"由形入心"

到仓库最前面，来回只需要2步就能完成出库工作。因此，是摆放不恰当导致我们一趟多走了48步。一天重复多次，当你把它换算成劳动时间和劳动成本时，这就是一笔巨大的损失。

重复这一行为的结果就是，员工兢兢业业挥洒汗水，但公司始终赚不到钱。然而，许多公司就非常容易掉入这个陷阱，问题究竟出在哪里？

因为人类有一个特性，无论多么麻烦的事情，只要重复3次，我们就会习惯于此。就好比刚刚提到的放到仓库深处的热销产品，员工刚开始搬出来的时候，心里一定会觉得很麻烦。但是重复3次以后，他就不会感到麻烦了。相反，他还会陷入一种自我感动，为自己如此努力地搬运热销产品而感到自豪。

这家公司现在要做的事情非常简单，就是要把热销产品放到仓库的前面，把销量不好的产品放到后面。按照我所说的理论做出业务改善的第一步，即按照使用频率改变摆放方式。这与重新摆放梯子的道理是一样的。

那位能想到根据使用频率重新摆放梯子的员工就绝对不会把畅销产品放到仓库的最深处。一个对小小的浪费都很敏感的员工不太可能忽略巨大的损失。

人类的本性是会对麻烦的事情感到麻木。如果不能坚持不懈地促使员工做出改变，那么员工也不会根据使用频率改变物品的排列方式。出于以往的经验，我认为日常的整理、整顿能够创收，也坚持将之作为员工培训的基础并加以贯彻落实。

答：因为同一件事重复3次，就变得不麻烦了。

问题 3 何为"贯彻落实"？

我们公司正在贯彻落实"整理、整顿"这一方针。"贯彻落实"一词有些模糊，容易滥用，让人混乱。我对"贯彻落实"的定义是：

"做到别人觉得反常为止。"

整理、整顿工作的基本原则是"定位管理"，即把固定的物品放在固定的位置，使其朝向一致，还原时能够准确地放回原处且不会移位分毫。我将通过几张照片展示我们武藏野现场所做的努力。"真的有必要做到这种地步吗？这家公司是不是有些反常？"如果大家看到照片后能发出这样的感慨，我将感到无比荣幸。

答：贯彻落实就是做到别人觉得反常为止。

给办公用品安家

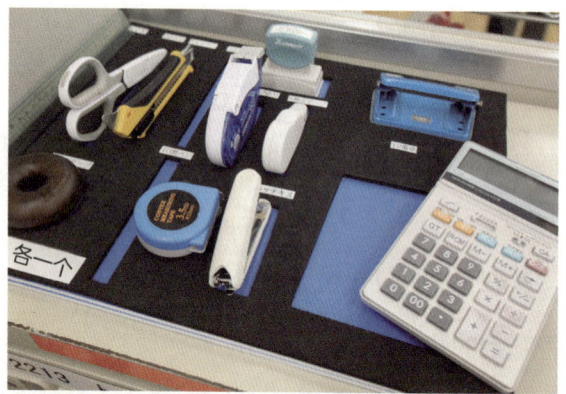

图1-2 将泡沫板按照办公用品的形状切割好,以便收纳。为了便于取用剪刀和刻刀,要把它们立着摆放

第 1 章　整顿要"由形入心"

粘在墙上的办公用品

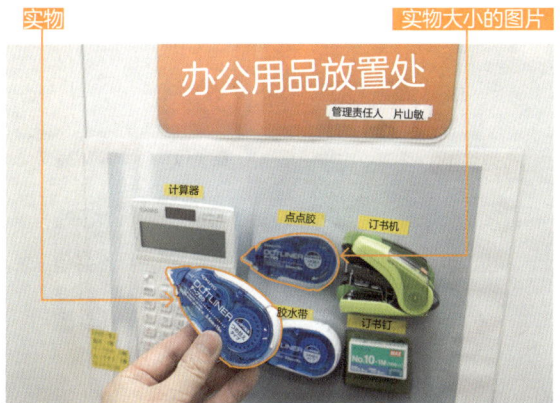

图 1-3　在办公用品背面贴上磁铁，然后吸附在白板上。白板上的彩色照片与办公用品实物大小相同，物品位置一目了然

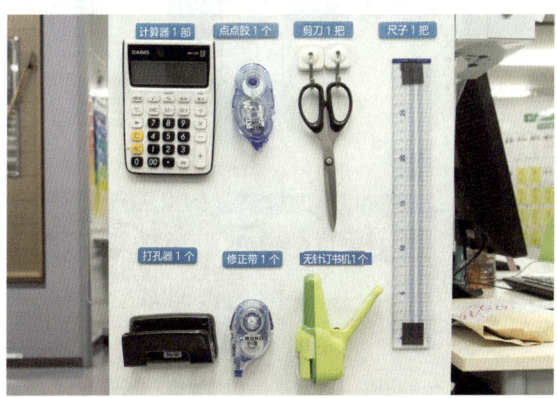

图 1-4　灵活利用磁性贴的收纳方式，节省空间。标记用品个数并维持也很重要，如"计算器 1 部""剪刀 1 把"

011

给办公用品安家

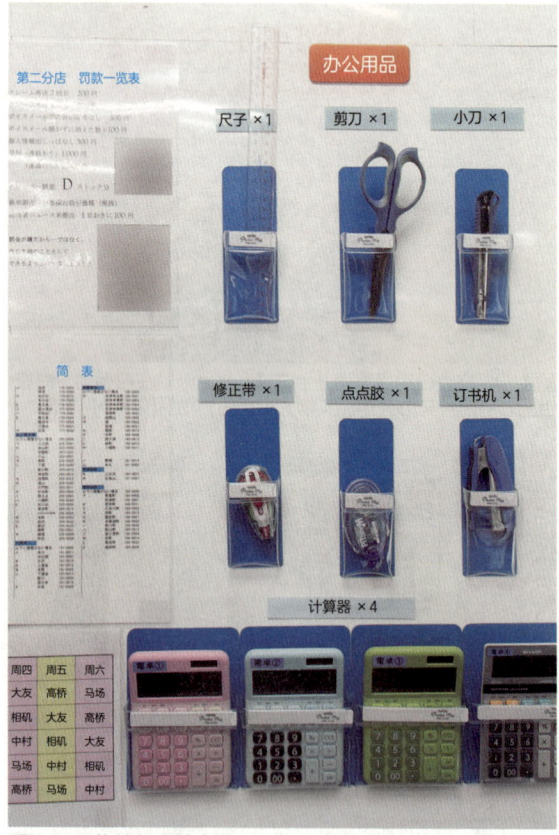

图1-5 将储物袋挂在墙上,便于收纳办公用品。只需放入,就能轻松完成文具收纳

第 1 章 整顿要"由形入心"

同实物一样大,完美复位鼠标

图 1-6 办公要求桌面上要放有计算器、数字键盘和鼠标。如果我们用同实物一样大的图片标示出计算器和鼠标的位置,任何人都可以完美复位

正确摆放，数量也得当

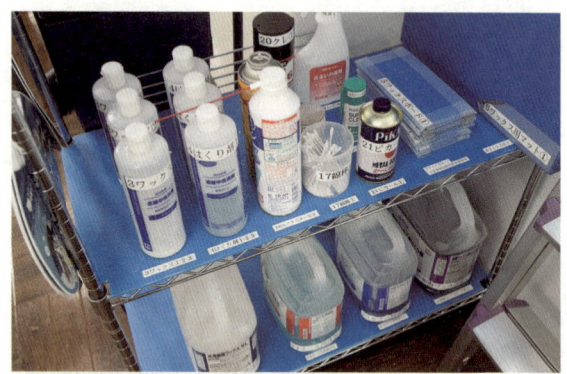

图1-7 蜡等清洁用品是重要的工具。在清洁用品收纳中也要运用固定位置管理思维，挖空泡沫板，给它们安家

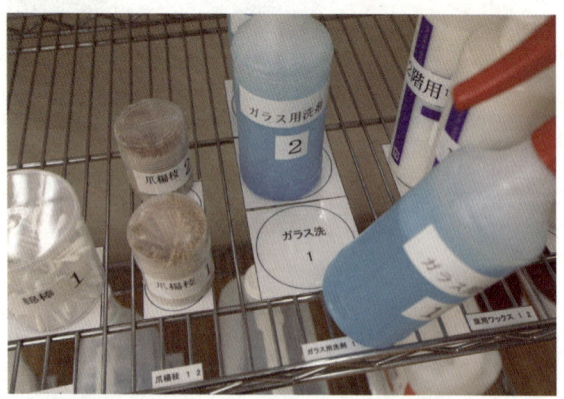

图1-8 甚至连牙签和清洁剂都要严格规定数量，并对所有用品进行编号

第1章 整顿要"由形入心"

物品一览无遗

图1-9 数据线容易缠绕在一起，整理起来很麻烦。将每根数据线装入网格文具袋后挂在钩子上，看起来很整洁、很清爽

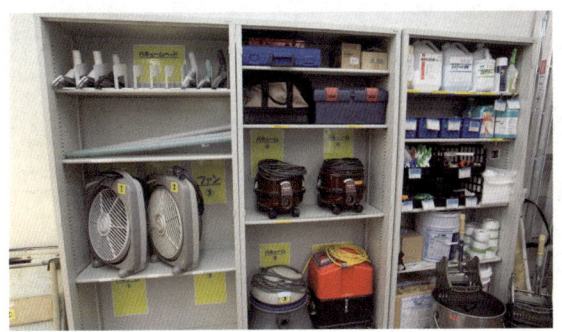

图1-10 较重的工具放在仓库深处很容易被遗忘，放到无柜门的橱柜上，便可一览无遗

卡片替书写，巧妙又轻松

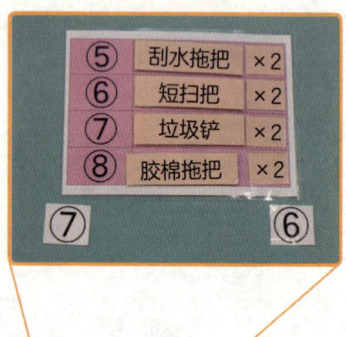

图1-11 清晰无误地标出工具的种类和数量。每当有变化时，无须擦掉重写，用新卡片替换即可

第 1 章 整顿要"由形入心"

> 卫生纸也不放过!

图 1-12 准备好补充装卫生纸。任何人一看便知,卫生纸规定放两卷

问题 4　打扫卫生和环境改善有何区别？

在武藏野的工厂现场，每天早上包括兼职人员在内的所有员工都要参加30分钟的环境卫生改善活动。员工根据值班表，各自清理干净自己负责的包干区：有的人给地板打蜡，有的人擦拭灯管，有的人擦窗，还有的人清理工厂周围的垃圾。

当我们在做这些事情的时候，有些人会误以为我们全公司都在打扫卫生。打扫卫生和环境改善看似相似，但目的却大不相同。这一点很重要，请各位牢记。

打扫卫生的目的是使某块区域干净整洁，让人过得舒适。而我们把环境改善这个四字词拆开来看，就是"打理好环境，使之准备妥善"。那准备妥善是为了什么呢？当然是为了工作。环境改善的目的在于使工作更容易开展，进一步说，是提高生产效率，让公司更好地赚钱。

前文中向大家展示的固定位置管理就是环境改善基本中的基本。能正好把物品放回固定的地方，就证明这个位置是合适的。如今，一部 iPad 就能解决的业务越来越多，使用电脑的机会越来越少。一旦出现了这种变化，我们就要改变物品的位置。根据使用频率重新排列、摆放，让工作更加轻松舒心。更换并确定好新位置之后，就需要再次贯彻落实固定位置管理。

通过反复操作，工作环境会变得更加行之有效。同时，员工适应变化的能力也会得到增强，获得螺旋式成长。

答：打扫卫生=追求舒适，环境改善=追求盈利。

问题 5　整理、整顿和战略、战术的关系是？

环境改善包含五大要素：整理、整顿、整洁、礼仪和纪律。

从环境改善最原始的目的"创造一个可以赚钱的职场"来看，我认为其中最重要的是整理和整顿，尤其是整顿。

整理是指判断东西是否必要后，扔掉不必要的东西。在经营上，这就是"战略"。在做出经营判断时，重要的不是"开始新事物的决断"，而是"停止目前所做的事情的决断"，是停止销售利润减少的产品的决断。

很多管理者试图做很多看起来很赚钱的事情，但都半途而废，让员工失去了干劲儿。尝试不同领域的业务本身是一件好事。而且，倘若不曾多次经历惨痛的失败，是找不到赚钱门路的。不过，还没开始就已经知道结果的事情我们要尽早果断放弃。资金、人力等经营资源都是有限的。尤其是像我们这样的中小企业，其重要性更是不言而喻。找到能够发挥自身优势的业务时，即使代价是抛弃其他业务，我们也要把资源集中在优势业务上。能做到每天反复练习关乎企业命运的"舍弃的决断"，就是做到了"物的整理"。

整顿是指集齐所有的物品。固定物品放置位置以便使用，在摆放方式上下功夫。这在经营上就是所谓的"战术"。热销产品销量走低之时往往意味着新热销产品的出现。此时，决定要加大新热销产品的销售力度，这是战略；考虑新热销产品要放在什么位置才能让销量提升，这是战术。

按照一般规律，热销产品通常占据了靠近门口的好位置，而新的热销产品受"总之，先放在这里"的想法左右，最初会被放在远离门口的深处。如此一来，顾客将无法看到新的热销产品。作为社长，我希望员工能够自发地换一换产品的位置：旧的热销产品留一部分在门口的好位置，其余的移到店里面；新腾出的空间用来摆放新的热销产品。这样一来，既能让顾客看到热销产品，也能提升员工的工作效率。

能把这一战术层面的决断交给现场员工来做的公司就是一个实力强大的公司。能每天反复练习、思考战术，就做到了"物的整顿"。此外，有形的整顿还有一个好处：能一眼确认员工是否做到位了，行为是否有效果。

环境改善里包含了满满的整理、整顿等商业基本理念。每天早上花一点儿时间学习并反复练习，积累的成果便是创造出一个实力强大的现场。

掌握整顿知识的员工可以用自己的头脑制定战术，善于整理的高管能够制定出强有力的战略。

这就是我在每天早上 30 分钟的环境卫生改善中付出诸多努力的原因。

> **答**：整理即战略，整顿即战术。

问题 6　优秀人才是指？

关于如何定义优秀人才，不同的人也许会有不同的意见。首先，最重要的品质是，他的成果能清晰地体现在数字上。满足这一条件需要做什么呢？答案是：能够复制其他人正在做的且有结果的事情。这个品质也可以概括为"直接复制"，也是我要求年轻员工首先要具备的品质。因为要在数字上清晰体现成果，最直截了当的途径就是直接复制已经成功的做法。

一个新入职的销售人员，他会向销售业绩过硬的前辈看齐，从头到脚模仿他的一切，从打招呼的方式到推销话术，从行为举止到资料的制作方式等。一个新上任的管理者，他会仔细观察业务成绩优秀的部门的科长、部长的行为方式并完全复刻。而一个新的经营者，他会去访问其他业绩优秀的公司，不管三七二十一，先尝试复制他们的做法。复制不同行业的成功公司比复制同一行业的成功公司更有可能领先对手一步，所以我更推荐这一做法。

不要去想为什么要这样做，因为你在尝试模仿的过程中，自然而然就会懂得其中的道理。亲身实践比只用脑子思考结果更能在短时间内获得深刻的理解。然而，能够做到直接复制他人正在做的且有结果的事情的人寥寥无几。这是因为许多人在实践之前花了很多时间去思考。发现一个行之有效的良策时，原本照抄即可，但却画蛇添足地去思考有没有更好的做法，最后做成了"独门独派"。无论是普通员工还是管理者，思胜于行者往往难出成果。出成果的，是行胜于思的这群人。

> **答：**行胜于思。做出成果的往往是直接照抄已有成效的方法的人。

问题 7 如何改变员工的思想？

"我想改变员工的性格，纠正下属的品性。"几乎所有的社长或高层都有这样的想法。其实，即使到现在，我自己也时不时受这种无法控制的想法的驱使。然而，社长和高层们为改变员工思想而进行的培训工作大多都会以失败告终。

在我看来，失败的原因在于，越是渴望改变员工内心的想法（做法），就越是直接诉诸员工的内心。比如说，有人会邀请著名企业家或大师等德高望重的人来做培训，给员工进行思想上的感恩洗礼；有人会组织员工阅读一本好书并相互分享书中的感人之处；还有人会让一群人齐声叫喊"团结就是力量"的口号以鼓舞士气。事实上，这

第1章 整顿要"由形入心"

些都不是解决问题的根本方法。

人内心的想法是极其不稳定的。培训结束,满怀干劲儿的员工回家之后,在妻子三言两语的挖苦之下,内心胀满气的气球就会"咻"地一声瘪下去。对于这样极其不稳定的内心,即使给予再多的滋养,效果也不会持久。因此,我不会直接对员工进行内心方面的教育。不在无形的心上下功夫,而是从有形的事物入手。

第一个是环境改善,尤其是整顿。把工作中用到的东西放在适当的地方、按合适的摆法放回原位。首先要做的是专注并落实这一点。

为什么要落实整顿来改变员工内心的想法?首先,你要问自己:我希望我的员工和下属拥有什么样的思想?如果你的答案不够明确,那么你的教育方针就不能有的放矢。正如前文所说,我更看重的是员工直接的想法,即如果看到有人比你做得更好，那就直接模仿他的工作方式。在工作中，成长的捷径其实就是这种模仿优秀人才的方式。然而，实际上能直接这么做的人屈指可数。

让员工认可这种直接复制行为的重要性的最好方法就是整顿。"如果这样摆放物品，工作就会更加轻松顺心。"前人已经为我们证实了这些做法，而整顿正是模仿这些做法。

我们公司整顿的规定是：文具要按照正确的朝向摆放。对于不习惯这一规定的新员工来说，他们十分不情愿和抗拒这件事，但上司总是对此喋喋不休，再加上不遵守会扣奖金，所以尽管不情愿，他们还是会遵守这项规定。于是，在工作的某个瞬间，他们发现"统一笔的朝向后的确更容易拿笔了，也更方便了""工作效率更高了"。这样一来，他们也就能理解和认可"模仿上级和前辈的工作方法的确有好处"的说法了。以后，他们

第1章 整顿要"由形入心"

会更愿意倾听上级和前辈的话,怀揣着一颗坦率的心,学习上级和前辈的做法。

对于他人的建议,即使不喜欢也不妨尝试一下。这一点非常重要,它背后隐藏着职场成长的通用法则。当然,如果上级或前辈建议的"应该做的"和"这么做的好处"过于抽象难懂,下属或者后辈就不会注意到其中的奥妙。此时,企业更加需要整顿。整顿是把不想做的事情进行可视化实践的过程,最后能得到可视化的成果。直到最后所有人都能做到,即使不喜欢,也会尝试把他人的建议付诸实践。

如果把职场通用法则以说教、训话的形式直接作用于员工内心,那么他们的想法不会有任何改变。即使获得了一时的感动,也会立即恢复原状。所以,日常的整顿是通过有形的东西持续地发挥作用,即使力量比较微弱,也能切切实实地改变员工内心的想法。

"由形入心",这是通过整顿进行人才培养的奥义。

> **答**:不直接作用于员工内心,而是"由形入心"。

【总论】

为什么说"整顿最重要"?

第 2 章

整理的秘诀在于撤除物品存放的场所

问题 8　把柜门全部拆掉的原因是？

图 2-1、图 2-2 是得斯清株式会社①国分寺分店的茶水间。橱柜一扇门也没有，早在 20 年前就被拿下来了，这是我当上社长后没几年发生的事情。我做的第一件事就是提出了一个强有力的口号："我们要在改善环境方面成为业内第一！"我自己也会亲自到现场转转，检查整顿、整理、卫生打扫是否都做到位了。

而员工们又是如何应对的呢？他们一得知我要巡视工作现场，就会把东西都藏起来，把杂物统统塞到橱柜里不让我看到。这不是"显性化"，而是"隐性化"。所以我让人把柜门拆下来扔掉，

---

① 得斯清（DUSKIN）株式会社：总部位于大阪府吹田市。业务内容以清洁业务为主，同时涵盖餐饮行业内容。（译注）

无处可藏，员工就会仔细收拾

图 2-1 如今，茶水间的橱柜空空如也。谁能想到这里曾经堆满了东西，乱如垃圾堆？

图 2-2 柜门被拆除，内部一览无遗。如果不收拾干净，员工就会挨批。懒得收拾的员工会把不需要的东西及时扔掉

这样我就能看到柜子的每一处,如果不及时收拾好,员工马上就会被我批评。

如此一来,员工们即使不情愿,也开始慢慢收拾柜子,做好整顿工作了。此后,我一直在不断拆除公司内部的"门"。要论保护隐私法的话,没有被拆除的估计只有洗手间的门了吧。

> **答:**因为只要有柜门在,员工就不会清理橱柜内部。

问题 9 不增加多余物品的秘诀是？

柜门被拆除后不久，马上就有聪明的员工注意到，柜子、架子上的东西越多，收拾起来就越费劲儿。反之，东西越少，收拾起来就越轻松。就这样，公司里的东西减少了，而物品的减少就是所谓的"整理"。

考虑每件物品是否都是职场所需，不需要的东西就把它丢掉。通过这样的思考和决策来促进整理，是一件运用经营战略的高难度的脑力活儿。尽管不情愿，但是半强制性地接受这类训练一段时间后，员工就能快速成长。聪明的员工最开始丢掉物品的动机并不单纯，只是不想被我责骂，想轻松点儿罢了。但无论动机如何，能做好整理的员工就是好员工。如果你一直等待员工受良好

第 2 章　整理的秘诀在于撤除物品存放的场所

只有洗手间和个人信息柜有门

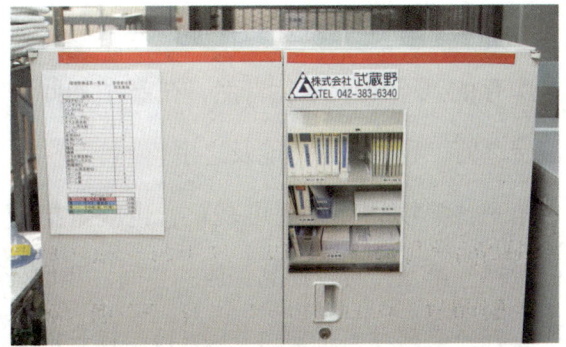

图 2-3　存放员工资料的柜子是例外，可以有门。我们会在资料柜上面贴上红胶带，还会贴了照片方便查看柜内存放的东西。此外，幸存门的地方只剩下卫生间。减少柜门数量，创造开放型公司

动机的驱使开始整理，那么你的公司永远都赚不到钱。

我经营指导过的公司会动员全部员工，花一天时间来整理他们的物品。我们将公司的所有物品一一摆出，扔掉不需要的物品，甚至有公司扔掉了库存的几十辆卡车。当然，在产生如此巨大的浪费之前，我们有力所能及之事。

第一，把物品存放处可视化，也就是把橱柜的门撤掉。第二，减少物品存放的空间。我们公司的所有办公桌都没有抽屉（图2-4）。社长的桌子虽然有抽屉，但这是一张纪念用的办公桌（图2-13）。经常在外奔波的销售人员甚至没有自己的办公桌和椅子，他们在站立式办公桌上办公（图2-12）。此外，个人物品只能放在一个透明文件箱里（图2-5）。只要有架子，我们就总想在上面放点东西；只要有抽屉，我们就总想往里面装点东西。办公室里多余的物品越来越多，整理、整顿就鞭

第 2 章　整理的秘诀在于撤除物品存放的场所

消灭抽屉！减少物品的存放空间！

图 2-4　所有员工的办公桌都没有抽屉。减少了存放空间，也减少了不必要的物品

图 2-5　员工存放在公司的个人物品只能放在一个小箱子里，而且规定只能使用透明箱子

长莫及了。如果想彻底落实整顿，那就只能把架子和抽屉去掉。

> **答**：减少物品的存放空间，让其一览无遗。

问题 10　为什么整顿比整理更重要？

整理是指判断物品是否需要，将不需要的物品丢掉。整顿是指把东西放在便于使用的位置。若说在员工培训教育中哪一个更重要，我的答案是：整顿比整理更重要。实际上，整理的水平和难度比整顿更高。

整顿的培训是要求员工把东西按一定方式放在固定的位置。判断员工做得是否到位，你只要看一眼便能知道结果，因为正确答案有具体的表现形式。整理的培训则要求员工能够正确判断物品的需要与否。这很难一眼判断出员工做得是否正确，因为正确的标准是抽象的，是没有具体表现形式的。

如果是肉眼可见的整顿，对下属来说很容易

连笔帽也要对齐!

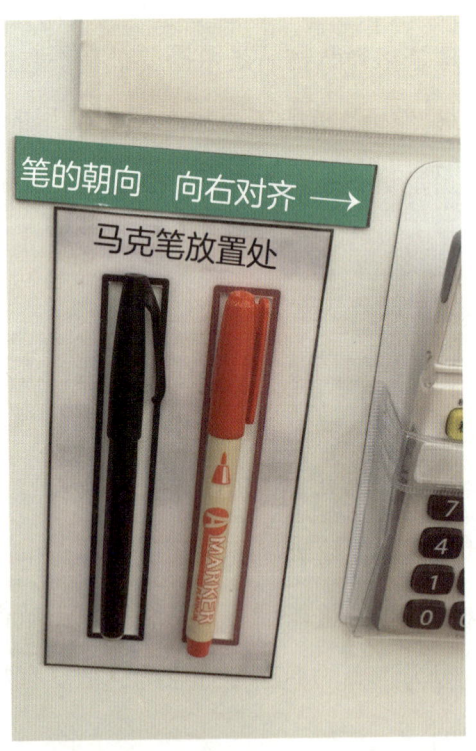

图 2-6 就连笔帽的夹子部分都要求对齐。只要数量减少到最低限度,对齐就能做到这种程度

做到，主管也很容易给予指导。但整理对下属和主管来说，难度都很高。一上来就突然要求学生做难题的教育必然走向失败，因此要把整顿放在整理之前。正确的顺序是：整顿后再着手整理。彻底做到整顿之后，整理就会随之而来。

如果不好好整顿，不按正确的方式把东西放到正确的位置，员工就会挨批。被骂的经验多了，员工就会注意到：东西越少，被骂的概率越小。对齐5支笔和对齐3支笔，哪个更容易？答案显然是后者。如果只是1支笔，那就更轻松了。这样进行整理之后，自然而然地，员工就只会留下最少的必需用品了。

> **答**：整理比整顿更困难，整顿后再着手整理。要从简单的着手。

问题 11　有个人储物柜的公司问题出在哪里？

为彻底落实整理，我专注于减少存放物品的场所。被拆除的对象不仅有橱柜门和书桌抽屉，还有个人储物柜（全面撤除）。这一做法遭到了公司某女性兼职人员的猛烈抨击。我百思不得其解：该兼职人员是骑自行车通勤的，没有人会骑车带大件行李，为什么她需要这么大的储物柜？她要把什么放进储物柜里？

我观察之后发现，这名兼职人员是一位家庭主妇，她特地戴着宝格丽项链来上班，目的是向同事们炫耀："这条项链是我丈夫前几天刚给我买的。"但毕竟她的工作是打扫顾客的家庭卫生，戴着项链不方便干活儿，于是在换上工作服之前她会先专门炫耀一番，然后就把它锁进储物柜里。

第 2 章 整理的秘诀在于撤除物品存放的场所

然而,其他兼职人员都很反感她的炫耀行为,不久那条昂贵的项链不知所终,也因此在公司内部引发了一阵骚动。如果对此置若罔闻,原本已经恶化的职场关系就会陷入更加不堪的境地。如此看来,是存放在储物柜里对工作毫无用处的个人物品挑起了傲慢与嫉妒,引发了同事关系不和,我们每个月还要为此支付数万日元的租金。若是如此,我们就应该立即撤除这块地方。

我曾经指导过一家专门制作动画的公司,总部位于东京市中心的黄金地段,社长总跟我抱怨工作室不够。当我去访问时,留意到他们公司里有一间配有个人储物柜的偌大的更衣室。"全部撤掉这些储物柜怎么样?应该能空出一块工作室的位置。"我提出这一建议时,他说员工的意见会很大。于是我再次提议道:"那在撤除储物柜的同时,给员工每人每月发 3000 日元(折合人民币约为 160 元)的补贴如何?"

那位社长是个很直率的人，马上实施了我给出的建议。员工们也欣然接受了撤除个人储物柜的做法，而新工作室的利润在支付员工每人每月3000日元的补贴后还有盈余。

其实，很少有公司真正需要储物柜。如果允许储物柜的存在，那么员工会把越来越多不必要的物品带来公司，这不仅会产生额外的租金，有时甚至会导致职场关系的恶化，有百害而无一利。

> **答**：问题在于，多余的个人物品会滋生傲慢与嫉妒。

问题 12　在垃圾桶上装滑轮的原因是？

在做不好整理的公司里，有一个坏习惯盛行，那就是"东西直接放"。如果习惯了把东西直接放在地板上，那么无论你撤除了多少柜子和抽屉，物品都很难减少。这是因为那些抽屉和柜子装不下的物品，无论多少，都能放在地板上。

于是，我提出了"禁止直接放在地面上"的口号并在公司内部做出了以下指示："必须直接放在地面的东西要全部装上滑轮，或者把这些东西放在装有滑轮的台子上。"为了响应这一指示，员工们扔掉了很多杂物。办公室里其实没有多少东西是重要到值得为它准备一个装滑轮的台子的。结果到最后，唯一剩下的东西只有柜子和垃圾桶。

所以在武藏野的办公室里，垃圾桶和柜子都

安装上了滑轮（图2-7、图2-8）。如果给出一个简单的选项和一个困难的选项，任谁都会选择简单的那一个。而认识和利用人的这种特性，引导员工向正确的方向成长，正是各位社长的任务。

对于垃圾桶，我的员工发明了一种更简便的处理方法。他们在办公桌下面装了个钩子，然后把垃圾桶挂上去，使之悬挂在空中（图2-9）。这么做避免了直接把垃圾桶放在地板上，还不需要装滑轮。如果装上滑轮，打扫时很方便移动，但挂上垃圾桶之后，连移动的动作都省了。

最近，手动在桌子底下安装架子，然后把电脑主机放上去的做法越来越常见（图2-10）。这是垃圾桶这一成功案例的水平展开，有助于节省空间。从最初的"禁止直接放在地面上"到后来的"使用滑轮"，再发展到"空中作战"，改善永无止境。

> **答**：禁止将物品直接放在地面上，进行彻底整理。

第 2 章　整理的秘诀在于撤除物品存放的场所

> **放在地面上的物品，全部带滑轮**

图 2-7　所有的柜子都装有滑轮，便于移动、搬运和清洁

图 2-8　垃圾桶也装上了滑轮（图片的右侧），严格落实"禁止直接放在地面上"的原则。站立式办公桌下面可以放高高的抽屉（照片的左侧）

悬空的垃圾桶

图2-9 把垃圾桶挂在站立式办公桌底下的挂钩上，既节省空间，又容易保持卫生

图2-10 在办公桌下安装一个架子，将台式电脑的主机放在架子上。这也能节省空间

问题 13　该不该批评不发传单而直接丢掉的员工？

图 2-11 展示的是宣传材料的存放处。我们会将需要分发给客户的宣传手册、传单等堆放在上面，分配给渠道的销售人员。拍照片的时候恰好大家已经发完了，所以推车上并没有堆放着的宣传单。根据我们公司的规定，宣传手册和传单不能直接堆在地板上，必须放在有滑轮的板上。此外，我们还会把清晰可辨的负责人照片放在宣传资料上，这样就可以明确分辨出谁偷懒了，留下了很多没发，或者谁努力干活，都发完了。

建立这一体系之后，部分之前爱偷懒的员工开始认真发传单了。但也只是其中的一部分人，其他人是怎么做的呢？他们把传单带回家之后丢掉了。

是谁没有发传单?

图 2-11 堆放着需要分发给客户的宣传手册和传单的小推车。看照片就知道负责人是谁,所以工作进展得很快

第2章 整理的秘诀在于撤除物品存放的场所

我应该责骂这些员工吗？不，我不会。不发传单并把传单留在公司的员工，和不发传单但把它丢到某处的员工，哪个更算是"好员工"呢？从不发传单的角度来看，两者性质一样恶劣。既然结果都是没发出去，那么把传单丢在其他地方的员工要比直接扔在办公室里的员工好得多。至少后者没有把不必要的东西扔在办公室里。

如果一个员工不愿意发传单，那么无论老板怎么批评，他都不会轻易改正。对于这些人，只要他们养成了扔掉不必要的东西的习惯，那就是一种进步，就是值得高兴的。而且，当他们亲手扔掉传单时，心中会产生一种从未有过的负罪感。话虽如此，这也并不意味着一个懒惰的员工会突然开始勤奋地派发完所有的传单，他们很可能会发一半扔一半。但这依然是一个很大的进步。

忽视员工现有水平而一下子提出超高要求，这是培训的大忌。从简单的事情开始，一步一步慢慢来,这是培训员工时要牢记的铁的定律。

> **答:** 多骂无益。如果员工不愿意发传单,就让他们先从"丢掉"开始。

问题 14　如何快速减少多余的物品？

如果你觉得此刻身边充满了不必要的东西，希望大刀阔斧地改变现状，那么你要做的事情只有一个，那就是搬家。如果是公司的话，至少要进行人事变动或更换座位。

请回想一下自己家里的情况，家里是否有能丢掉的东西呢？能不断地想起"这个不需要""那个也可以丢掉"的人寥寥无几。我们会在不知不觉中陷入一种思想误区，认为家里的一切东西都是必要的。但如果你即将搬家，你会怎么做？

比如，拿起一根衣架将它装进纸箱时，你也许会边整理边思考："这个真的是必需品吗？"然后，你会丢掉很多东西。所谓搬家，就是一个重新评估家里物品必要性的绝佳时机。因此，我经常进行人事变动，因为随人事变动而来的就是搬家。我们经常将整个部门搬到不同的大楼，或者经常调换座位。

越是在业绩良好的情况下，员工越是有可能"胜而骄"，因此我会大胆地"洗牌"，避免让那些骄傲自负的员工陷入迷茫、甘于现状的境地。换言之，就是通过整理物品来调整员工的心态。

答：通过搬家，从零开始评估物品的必要性。

第 2 章 整理的秘诀在于撤除物品存放的场所

站立式办公桌，提高办公效率。

图 2-12 经常外出的销售人员没有单独的办公桌，他们在公用的站立式办公桌上处理事务

社长也是站立式办公桌

图 2-13 这是社长的办公桌，我们用木材将旧办公桌的桌脚垫高，改造成站立式办公桌。社长的椅子已经被丢掉了

【总论】

为什么说"整顿最重要"?

第 3 章

过分注重整洁的"陷阱"

问题 15 为什么公司不一起打蜡呢？

武藏野公司现场的地板锃亮，锃亮到什么程度呢？请看图3-1的照片。我们的木地板就像保龄球场的球道一样光滑。前来参观的社长瞪大了眼睛问我："贵公司用的是什么蜡？"想必他觉得我们使用了非常特殊的蜡。如果他这样想，那就大错特错了。那么，地板如此干净明亮的奥秘究竟是什么呢？

第一是我们多年积累下来的打蜡技术，第二是我们的运作体系。我们构建了一个员工能主动将地板擦得锃亮的体系架构。

每天早上我们都会给地板打蜡，但不是所有人一起在同一时间打蜡，这正是要点所在。我们会根据不同的部门，每天安排一个人给地板打蜡

地板光滑得像保龄球场的球道一样

图 3-1 访客都为我们光滑锃亮的地板感到吃惊。背后隐藏的是我们多年来积累的工作诀窍

第3章 过分注重整洁的"陷阱"

抛光,且给地板打蜡的位置只有一张报纸的大小。我们不会单纯地要求所有员工一起把公司地板的边边角角都擦干净。

在我们公司,所有员工每天早上都必须花费30分钟的上班时间投入到改善环境卫生当中。每位员工每天的工作内容都是不同的,详情可参照图3-3的工作安排表。比如,今天是1月17日,星期二,看工作安排表可知,员工"国松"对应的一栏是"トイレ",即"厕所"(打扫厕所)。我们再看员工"元木",他对应的一栏是"WAX",即"打蜡",也就是由他负责给地板打蜡抛光。那么,他要在哪块区域打蜡呢?工作安排表上方的"包干区"图给了我们答案(图3-2)。

"包干区"图将部门的地板划分成了一块一块报纸大小的区域,并且标上了员工要在几月几日在对应的区块打蜡。虽然是重复性的工作,但是每天负责的范围只有一张报纸那么大,这也是地板如此光滑、锃亮的原因。

将每天早上30分钟的打扫卫生工作系统化

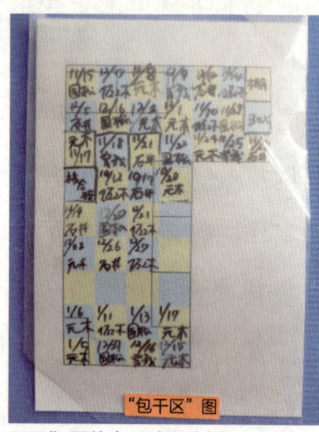

图 3-2 "包干区"图将办公室切割成一小块一小块。员工每天早上只需要给一张报纸大小的地板打蜡

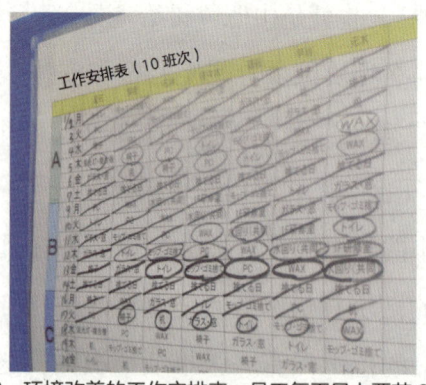

图 3-3 环境改善的工作安排表。员工每天早上要花30分钟的时间在对应的位置进行整理、打扫

第3章 过分注重整洁的"陷阱"

你知道这一做法的意义吗？如果分配好"今天只擦这一块"，那么已经打过蜡的区域就会和旁边未打蜡的区域产生明显区别，光泽度大有不同。只要观察图3-4便可得知其中的差别。1个月前打过蜡的左边区域又脏了，与右边刚打完蜡的区域形成鲜明对比。由此，今天负责给左边区域打蜡的员工就会下定决心："今天我要把地板擦得和旁边一样亮！"这样一来，就在员工心中埋下了竞争的种子。

打个比方，"元木先生昨天擦的地板真是太干净、太亮堂了，我不能输给他。我要擦得比他更干净！"第二天负责给地板打蜡的石井奋起直追。激发石井奋起直追的，正是工作安排表和"包干区"示意图，因为这两个表格将"谁、何时、擦了哪一块地板"这一工作可视化了。

> **答**：因为划分出包干区后，就给员工提供了竞争的平台。

> 你能看出左右两块区域的区别吗？

图 3-4 右侧是刚刚打过蜡的地板，左侧是几周前打过蜡的地板。重点是大家都能注意到两者亮度的差异

问题 16　为什么把地板擦干净具有重要意义？

员工每天早上清洁的不仅仅是地板，窗户、玻璃、灯管、椅子和电脑等处每天都有人专门打扫。然而，绝大多数情况下，我们的客户只会对地板的干净程度感到吃惊。那是因为，我们通常都会认为"地板有点儿脏是正常的"。而当普遍被认为脏的地板被擦得锃亮时，这一对比就会让人产生强烈的冲击。

"应该干净的地方"被打扫得很干净时，不会有多少人注意到。一个通常比较脏的地方被打扫得很干净时，会吸引部分人的目光。而当地板异常干净时，客户就会感到惊喜并称赞我们的员工。此时，受到夸奖的员工心情会很好，会更有干劲儿，会让地板更加洁净。这就创造了一个良性循环。

擦地板也能成为乐事！

图3-5 地板擦得甚至能显示员工的倒影。受到客户夸奖后，员工士气大涨，将擦干净地板变成常态化

第3章 过分注重整洁的"陷阱"

而且,一旦一个地方被打扫得很干净,就会想要维持下去,这就是人类的天性。比如,穿着鞋进入办公室的人不会在进家门时不脱鞋,因为家里的地板很干净。所以,一旦办公室的地板也变干净,员工就会下意识地去保持地板的整洁。

如今,在武藏野公司的员工看来,保持公司的地板干净已是常态,所以如果地板脏了的话,每个人都会注意到,并且会打扫干净。

> **答:** 正因为地板通常很脏,所以打扫干净后给人的冲击力更大。

问题 17　换拖鞋上班的公司问题出在哪里？

清洁说到底就是"注意不注意"的问题。

在日本，进入办公室时要换上拖鞋的公司，即"备两双鞋"的公司十分常见。这种模式看起来很干净，实际上却脏而不自知。有人会觉得没有穿鞋等于没有踩脏地板，所以地板就是干净的。然而，他们不知道的是，同一双拖鞋穿了许多年，鞋底早就脏了，所以地板并不干净。这么简单的道理，社长和员工却都没有注意到。

"只要换上第二双鞋，地板就是干净的。"他们受限于这种思维，无法注意到一个事实，那就是随着时间的推移，拖鞋也会变脏。如此迟钝的人自然很难注意到客户的变化。

在进行环境卫生改善检查的时候，我只要在

第3章 过分注重整洁的"陷阱"

地板上看到一个垃圾或一根头发,就会在检查表上给该部门的员工画"×"。并不是因为垃圾掉在了地上,而是因为他们没有注意到垃圾掉在了地上。

我认为公司里面的垃圾可以分两种情况。

第一种情况是,垃圾掉了下来,员工注意到了却不去捡。人是懒惰的动物,从某种程度上来说,这种行为是可以理解的,而且这一情况不是批评员工就能解决的。即使这些员工不情愿,也要强制让他们把垃圾捡起来,构建这一体系正是社长和管理者的职责。

第二种情况是,员工本来就没有注意到有垃圾,这种情况更严重。无论在什么样的体系架构中,让没有意识到垃圾存在的员工捡起垃圾都是一项极其困难的工作。注意不到地板上的垃圾是一个敏感程度的问题,就像注意不到拖鞋底部的污垢一样。这些员工无论是在工作上还是在娱乐上，各方面的感觉都不敏锐，察觉不到客户想要什么。

如果一家公司只有这类员工，那么它一定不会获得成长。所以，公司必须借助教育培训的力量来提高员工的观察力、敏锐力。这也是我每天早上都会指派员工去给一张报纸大小的地面打蜡的原因。他们会亲眼见证干净的地板和脏污的地板的区别，目睹脏污的地板变干净。在一次又一次的重复操作中，员工的观察力将会越来越敏锐。

> **答**：大家都没有注意到：拖鞋早就脏了。受限于习惯性思维的人，很难注意到客户的变化。

第3章 过分注重整洁的"陷阱"

一站式环境卫生维护体系

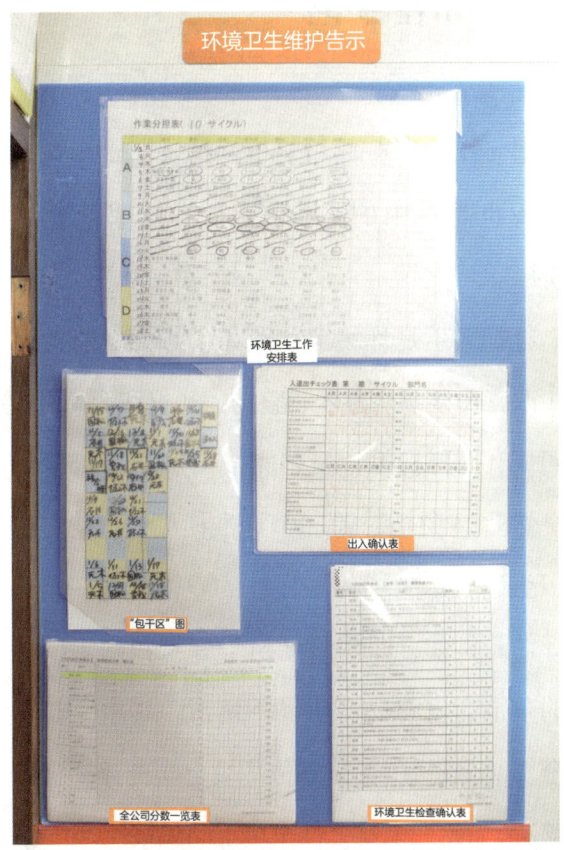

图 3-6 全公司都有一块被称为"蓝板"的告示板，上面张贴着汇总整体环境卫生改善情况的值班表、检查内容表等

问题 18　在打扫方面用力过猛的问题出在哪里？

很多社长会在打扫卫生的培训活动中苦下功夫，我也是其中的一员。但是，这里面也暗含"陷阱"。

打扫卫生是环境卫生改善的项目之一。环境卫生改善由整顿、整理、整洁、礼仪和纪律五大要素组成，而打扫卫生只是完成"整洁"部分的活动。然而，"整洁"是一个标准模糊的概念，打扫完卫生之后达到了何种程度的整洁，这一结果很难评估。例如，即使两名员工都打扫到了同一程度的整洁，也容易产生以下情况：其中一位被上司夸赞"做得好"，另一位却被上司批评"做得还不够"。如此一来就会打击员工的积极性。

因此在我们公司，尽管许多管理决策的权力

都交给了高层，评判环境卫生检查表中的"地板是否干净"的依然是身为社长的我，现场的员工不会认可高层给的分数（图3-7）。判断整洁程度就是这么困难。

"地板是否干净"的检查由社长亲自出马

图3-7 社长（右）亲自检查办公室地面是否有垃圾并在每4周1次的环境卫生维护检查表中的一个表格上打分。如果发现垃圾就会被扣分，所以要保留照片作为证据

相比之下,"整顿"是一个标准明确且容易理解的概念。物品是否以一种固定的方式摆放在一个固定的地方,无论谁看了都能够客观且准确地做出判断。如图3-8所示,衣架应该以"1、2、3、4……"的顺序排列,如果摆成了"6、1、2、3……"的顺序就不正确。这个判断标准即使是小学生也能理解。

简而言之,"整顿"比"整洁"更容易判断是否做到位。这也就意味着,即使是菜鸟也能做到"整顿"。换言之,"整洁"比"整顿"对员工能力的要求更高。因此,要想在改善环境卫生方面付出努力,首先要从"整顿"开始。"整顿"做到一定程度后,下一步是"整理",再下一步才是"整洁",这才是正确的做法。

联想学校的课程你就会理解,如果突然让一个连一位数的加法都不会的孩子做两位数的乘法,他能做到吗?让一个"整顿"都没做好的员工打

第3章 过分注重整洁的"陷阱"

按照顺序摆整齐

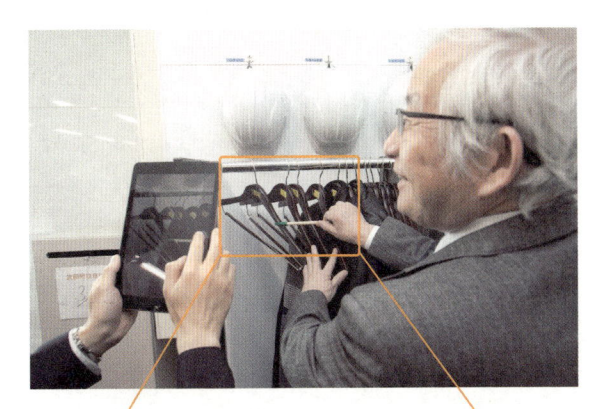

图 3-8 检查衣架是否按顺序摆放整齐,这项工作谁都能做到,所以由员工检查。社长亲自检查时属例外情况

扫卫生，也是同样愚蠢的行为。

> **答：**整洁的标准很模糊，不易判断。

问题 19　为什么打扫厕所卫生能够瓦解年轻人的心防?

我们公司明确要求内定员工①要在培训期间打扫厕所卫生。我们尽可能找最脏的厕所,让员工把从马桶到地板的边边角角都打扫一次。以往他们每个人都空手打扫,会用到海绵刷,但是不会戴手套。如今,因为有些家长表示强烈反对,所以越来越多的员工开始戴手套上阵。

我们的内定员工尽管一开始非常抵触,但在前辈的指导下,在与其他小伙伴一起打扫厕所的过程中,他们看到马桶越变越干净,就开始逐渐享受这一工作(图 3-9)。最后结束任务时,每个人脸上都绽放着笑容。

---

①　内定员工:指与企业签订就业、雇用意向的学生对象。(译注)

这是为什么呢？这就是人类心理的奇妙之处：虽然眼睛会害怕，心里会抵触，但是手不会。虽然眼睛是个胆小鬼，但手却是位勇者。

我对打扫卫生的年轻员工是这么说的："人类的厌恶感和恐惧感是根据眼睛收到的信息，在大脑内产生的。可是我们的四肢并不会像大脑和眼睛那样产生厌恶或恐惧的感觉。请大家想象一下在一个黑暗的地方摸索徘徊的感觉，只要把自己置身于鬼屋大家就懂了。起初你眼里看到的景象会让大脑产生强烈的恐惧感，但无论你有多害怕，你仍然可以用双手去探索。在双手摸到的线索的驱使下，你的双脚开始移动并迈出脚步，而出路此刻正在为你打开。"

由此可见，当面临困难时，我们不应该一开始就依赖眼睛或大脑。首先要不假思索地让你的双手和双脚动起来，带动你的身体。如果只被你所看到的景象吓到，光是想象却不做任何动作的

第 3 章 过分注重整洁的"陷阱"

初见胆战心惊，实战乐在其中

图 3-9 内定员工徒手打扫厕所卫生。刚开始大家都胆战心惊，但不知道为什么，最后都乐在其中

话，你永远也无法找到任何解决方案。因为，"行胜于思"。向年轻人传授这一真理的最好途径就是打扫厕所卫生。

起初，没有一个人愿意把手伸进厕所马桶里，但前辈坚持不懈地告诉后辈："我们的眼睛会感到畏惧，但我们的双手会勇往直前。"随后，后辈们咬咬牙把手伸进去，尝试清洁马桶。看到马桶洁白如新，清洁马桶这件事情一下子就变得有趣了。当人能够肉眼可见自己行为的结果时，就会产生巨大的成就感。打扫结束后，马桶干净得都能映出员工的脸。一开始碰都不愿意用手碰的马桶，最终干净得让人想亲吻自己的劳动成果，这是花费几十分钟就能体验到的奇妙感受，所以每个员工都会沉浸其中。

只有在克服了一个一个小压力之后，才能获得最激动人心和最有趣的体验。对孩子们来说，学习很有压力，但当他们理解后，就会体会到学习

第 3 章 过分注重整洁的"陷阱"

一起动手更开心

图 3-10 员工打扫完厕所之后开始清洁地板。武藏野人的作风是"谈笑风生里,清洁进行时"。由此,集体意识也得以加强

的深层乐趣。比如，对于一个新员工来说，销售很有压力，但当他完成第一笔交易时，就会获得极大的成就感。再比如，当我们准备向喜欢的人告白时会畏缩不前，但一旦下定决心走到约会那一步，就会快乐得像上了天堂。而打扫厕所的快乐，是需要先拿出勇气，跨越一个名为"把手伸进马桶里"的小小障碍之后才能获得的。

无一例外，刚开始工作的年轻人都有一种莫名的自信。这一结果是我们从过去以内定员工为对象的调查中得知的。学生的头脑中充满了想法，但实际操作的经验却十分匮乏。他们满怀着"我能做到"这一想法参加了工作，但当开始工作时，他们面对的事实却是"我完全做不到"。部分年轻人因为受不了这个压力而选择逃跑。但我们必须告诉他们："如果选择逃避，你将永远无法体会到工作真正的乐趣。"

第 3 章 过分注重整洁的"陷阱"

> **厕所干干净净，员工笑意盈盈！**

图 3-11 这张照片是打扫厕所卫生培训后的纪念照，培训前的紧张转眼被笑容所取代

每天打扫厕所和维护环境卫生正是通过实践经验传授这一真理的途径。

答： 因为眼睛会害怕，但手不会。

【分论】
效果立竿见影的整顿技巧

第 4 章

注重数字,注重色彩

问题 20　如何决定工具的数量？

图 4-1 的照片是 Merry Maids 小金井分店的工具仓库。Merry Maids 是一家为顾客提供以家庭清洁服务为主的家政服务的公司。在拥有约 700 家分店的得斯清加盟连锁店铺当中，Merry Maids 的营业额曾在 2016 年 10—12 月连续三个月居日本首位。

这家店平时有 20 余名兼职员工。图 4-1 上方的一个个绿色盒子中装的是最常用的清洁剂，每位负责出任务的员工都会把这个盒子带去工作。这个必携套装一共有 7 套，按照 1~7 的顺序标注了号码。照片是从远处拍的，比较难观察到细节，所以我在下方放了一张近照，供大家参考。

瓶身和盒子都带有编号

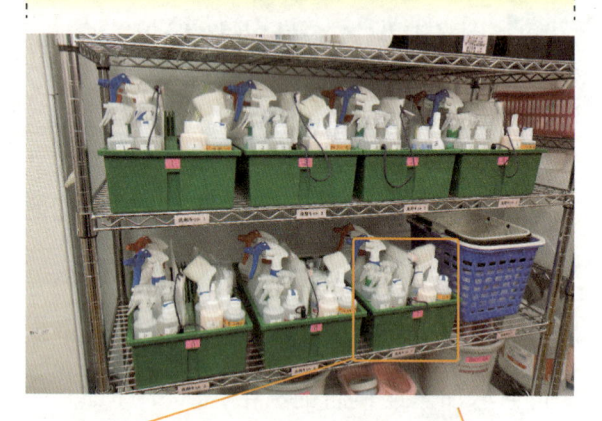

图4-1 瓶身标着7号的清洁剂放在7号箱，装在7号车上。使用相同的数字，落实"清一色的工具管理"

那么第一个问题，为什么数量是7套？这家连锁店有7辆工作用车，兼职人员去工作地点时会使用这些车辆，而每辆车上都会配备1套清洁用品，所以使用的工具绝对不会超过7套。也就是说，准备8套以上就是浪费。

至少需要多少套工具？若是深究这一问题的答案，那么给出的答案自然是7套。

答：找到极限值后再确定数量，再多就是浪费。

问题 21　给工具标号的原因是？

那么，为什么要给这些工具编号呢？观察图4-1的照片你会发现，我们会给盒子编号，甚至连工作用车我们也按照从1到7的顺序标上了数字。相应地，带着1号盒子的员工就会乘坐1号车，2号盒子就对应2号车，根据编号对应使用是我们公司的规定。

不仅如此，正如图4-1的照片所示，盒子里所有的清洁剂都带有编号，盒子底部还贴有标签以提醒员工这些工具所放的位置。这样一来，1号盒子里装的一定都是1号的清洗用品，且1号盒子一定会跟着1号车。从一瓶清洁剂到一辆工作车，我们所实施的都是"清一色的工具管理"，1号对应1号。

第 4 章 注重数字,注重色彩

万物皆可贴标签

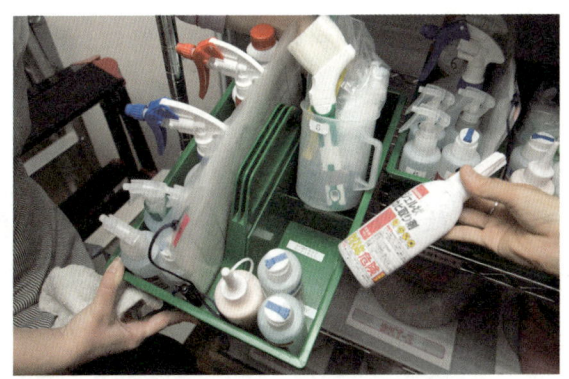

图 4-2 用标签标出盒子中相应物品的摆放位置

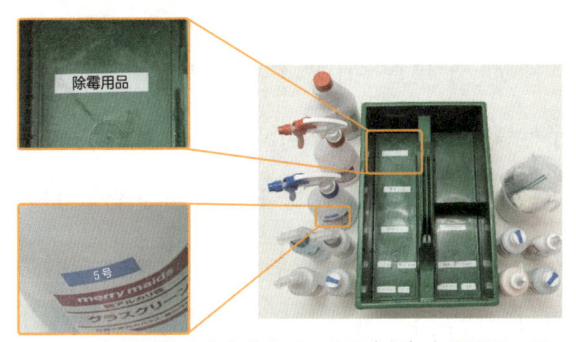

图 4-3 瓶瓶罐罐全拿出来之后,盒子底部如左图所示。重要的是要给所有的瓶子标上编号

为什么要如此注重编号管理？这既是为了彻底杜绝浪费，也是为了防止把东西落在客户家里。

将编号管理进行到底听起来很麻烦，但事实上它大大减少了员工不必要的动作，节省了时间。首先，收拾东西的时间会缩短。在"清一色的工具管理"的体系下，即使是新来的兼职人员也能立刻知道什么东西该放回哪里。其次，找东西的时间会减少。兼职人员不但可以立刻察觉少了什么工具，甚至连缺少的工具在哪里也能马上推测出来。

比如，1号盒子中少了一瓶清洁用品。只要看盒子底部写着"浴室专用清洁剂"的标签，便可得知缺少的是清洁剂。接下来，员工会立即着手"找到1号浴室专用清洁剂"。因为缺少的清洁用品只可能放在1号车上，所以首先要去1号车上查看，如果还找不到，就要去1号车对应的客户家里询问。在这一系列的搜寻过程中，一定能在某一

第 4 章　注重数字，注重色彩

环节找到失踪的清洁剂。

而那些没有彻底给物品编号的公司是做不到这么高效的。通常情况下，他们很难在第一时间注意到"少了一瓶浴室专用清洁剂"。而当他们意识到的时候，已经马上要使用了。对于这一紧急情况，兼职人员可能会不知所措，把时间浪费在找东西上。7台车都找过一遍之后仍没找到，而当下必须要用，所以他会选择买一瓶新的。可没过多久，失踪的清洁剂可能又突然出现了。如此一来，不仅浪费了时间，还浪费了金钱。

这种经常出现浪费问题的公司不仅赚不到钱，还存在许多问题。而如果状况多发，员工的满意度就会很低，自然就留不住兼职员工。客户投诉越来越多，兼职的员工也越来越不开心，自此陷入恶性循环。这就是我们要彻底落实编号管理的原因。

数字只是一种语言符号。但如果给工作场所

的物品都编上序号，一个小小的数字就会向在职场中工作的人传达很多信息。数字传达出来的信息能为形成职场纪律，让员工快乐并且麻利、高效地工作奠定基础。

> **答**：数字只是一种语言符号，但它能传达高效的工作方式。

第4章 注重数字，注重色彩

一眼确认工作进展

图 4-4 工具的摆放位置都用数字标了出来，所以一眼就能知道"几号工具正在使用"

图 4-5 桶里放着一整套清洁抽油烟机的工具。挂在钩子上的过塑卡片是一份工具清单，目的是防止物品遗漏

> **问题 22** 用橡皮筋挂着的标签发挥的作用是?

请看图4-6这张照片。打扫厕所和浴室的清洁剂的瓶子上都带有一个标签,瓶身号码是1的话,标签号码也是1。这张照片与先前的照片一样,都是提供家政服务的连锁公司想出来的妙招。它是用来做什么的呢?

这个问题可能有些刁钻,但如果你是一位企业经营者或者管理者,一眼看到这张照片却毫无头绪的话,那你就不合格。当然,企业经营者或管理者是不可能做出这样微小的改进的,它出自一位兼职员工之手。

如果做出这一业务改进的兼职员工就在现场,那么你不但不能错过,还应该马上注意到这个创意并当场予以表扬:"这项改善真不错,真

第 4 章 注重数字，注重色彩

粉色挂式标签的作用是？

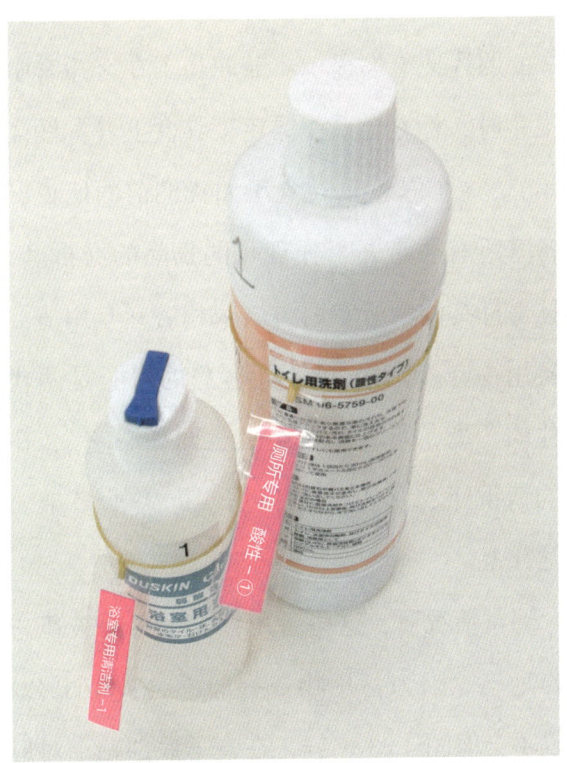

图 4-6 1 号瓶子挂上 1 号标签。请您思考：为什么要重复给瓶子挂上相同的号码呢？

是有想法，太感谢了。"进而提高员工的工作热情。因此，企业经营者或管理者要多到现场走动走动。

接下来，我们看给清洁剂挂标签的目的。图4-7的照片会给你提示。兼职员工在客户家中打扫卫生时，标签会系在绿色工具盒上（如图4-7所示）。这个绿色工具盒正如我们前面所说，它是备齐所有要带去工作现场的物品的必携套装，而挂着标签的厕所专用清洁剂和浴室专用清洁剂是备用物资。比如，"今天客户的房子是两代人居住的户型，所以有两个卫生间和浴室"，在这样的情况下，员工需要根据实际需求多带一些清洁用品。

通常情况下，这些备用物资很容易被遗忘在工作地点。因为备用物资一般不会被带出公司，所以不会像图4-3一样，在盒子底部贴上对应位置的标签。所以，粉色挂式标签应运而生。在使用

用粉色挂式标签防止物品遗漏

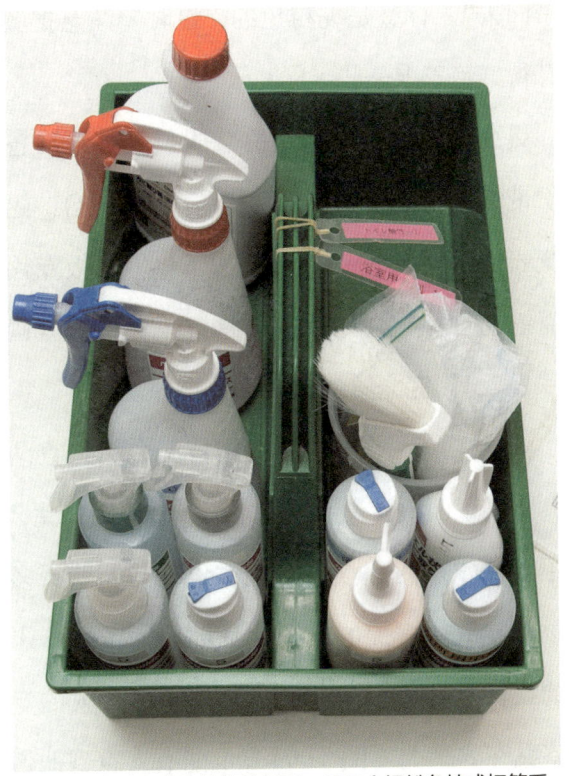

图 4-7 在使用备用的清洁剂时，员工会把粉色挂式标签系在盒子上。返程时如果遗忘了清洁剂，员工能够立马察觉

备用清洁剂时，员工要把瓶子上的标签解下来系在必携套装的盒子上。当员工准备返回时，就会意识到"我今天好像带了备用的清洁剂，我得把它带回去"。标签是亮粉色的，这时要注意把颜色设计得鲜艳惹眼一些。

更令人惊叹的是，这位兼职员工甚至准备了一份带编号的备用物资确认清单（图4-8）。这张一览表已经塑封过了，用法如下：用白板专用的马克笔进行标记，如果备用物资正在使用就画一个"〇"，用完之后就把"〇"擦掉。

就这样，一个物品的使用情况会被检查两三次，所以东西不会说不见就不见。也正因如此，我们不会在找东西上浪费时间，也不需要购买多余的物资。值得一提的是，这个部门为了区分未喝完的饮料是哪位员工的，还制作了每个人的专属标签贴在冰箱上（图4-9）。可能有人看到他们做到如此细微的地步会忍不住发笑，但俗话说得好，

第 4 章 注重数字，注重色彩

东西不会说不见就不见

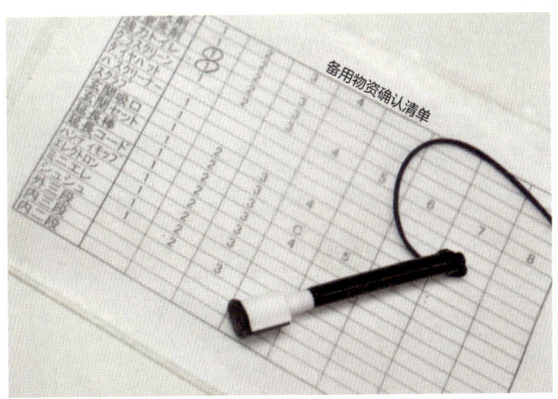

图 4-8 备用物资确认清单。可以用马克笔画圈或擦除。用于确认物资是否正在使用

图 4-9 冰箱上贴着印有员工姓名的标签，可以挂在喝到一半的果汁上

103

"神明藏在细节中①"。这样能够彻底消除小小的浪费。

这一政策渗透到公司的各个角落,就连兼职员工也要践行。这样的基层现场能够自下而上地支撑起一家赚钱的公司。

> **答**:防止有物品遗漏。

---

① 神明藏在细节中:来源于西方俗语"魔鬼藏在细节中"(The devil is in the detail),原意是提醒人们不要忽略细节,往往是隐藏的细节最终产生巨大的不利影响。作者借此俗语表达细节是取胜的关键,故说成"神明藏在细节中"。(译注)

第4章 注重数字，注重色彩

> 问题 23 **为什么这本书是彩色印刷？**

构建一个能够赚钱的公司的秘诀，在于不保有多余的物品。因此，我们需要一个不购买多余物品的组织架构，也就是所谓的"订单管理"。接下来，我将为大家介绍 Merry Maids 分店事业部正在实施的订单管理制度，以供参考。

该公司专门设立了一个订单角，那里放着许多订单卡（图4-10）。对于所需的清洁剂、刷子等物资，该公司准备了一个透明展示框，以供员工查看整体订货情况。展示框里放着照片，标记好了商品名称和单价。

每一个展示框里都有一张塑封过的订单卡，上面写着商品名称、型号、一次订购的数量（订货单位）等所有相关信息（图4-11）。每当现场

105

利用订单卡一步下单

图 4-10 陈列着许多订单卡的办公室一角。我们有一个防止购买多余物资的组织架构

图 4-11 塑封过的订单卡上印有商品名称、型号和订货单位等

的员工判断即将用完某个物品时，就会在这个订单卡上用马克笔写下希望订购的数量、自己的名字（订货人）和订购日期，然后把写好的订单卡放入"请订货"的展示框中（图4-12）。

在展示框中看到订单卡后，负责采购的员工就会去订货，然后把订单移到标有"订货中"的展示框里。收到货品以后，订单卡上的订货人等信息就会被擦掉，放回最初的展示框中。

这个系统是由现场的一位兼职人员想出来的，我对这个系统中色彩的使用印象非常深刻。物资库存充足、无须订购时，订单卡所在的展示框并不显眼，吸引人的只有第一栏标黄的商品名称部分。但当需要采购时，必须把卡片从展示框中取出，此时映入眼帘的便是"订货中"三个亮粉色底色上浮现出来的文字。如此一来，便可以轻易地看到什么商品正在采购当中了。

前文我也提到过，"数字只是一种语言符号"，

从发现到下单只需 5 步

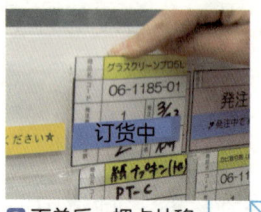

3 下单后,把卡片移到"订货中"的框中

1 下订单的人需要写上数量、自己的名字和日期

4 到货后,擦掉马克笔字迹

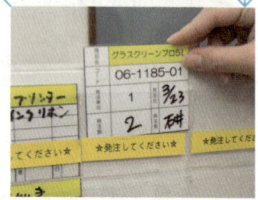

2 把卡片放入"请下单"的框中

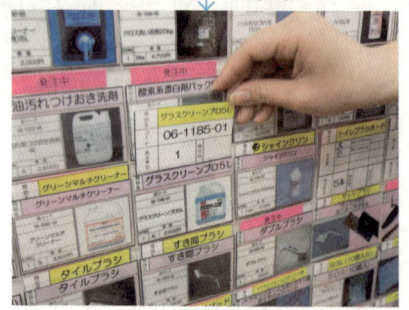

5 把空卡片放回原位,订货这一环节完成

图 4-12　通过订单卡下单的具体流程

第4章 注重数字，注重色彩

颜色也是如此。颜色本身也只是一种符号，它可以瞬间传达出比文字更有效的信息。这也是这本书是彩色印刷的缘由。如果要用照片向读者传达现场环境卫生改善的秘诀，那么黑白印刷是不可取的。重点是要知道"在哪里"以及"使用什么颜色"。此外，我还希望读者能注意颜色的使用，视察并改善现场。

现场是否注重颜色使用，经营者和管理者能否注意到颜色使用的创意，仅仅是这些信息就能看出公司的实力差距。

> **答**：颜色本身只是符号，但它可以传达出比文字更有效的信息。实力强大的现场，色彩使用往往不同于一般。

问题 24　订货管理的难点在于？

许多中小企业的经营者、管理者已经注意到了订货管理的重要性。他们意识到，自家公司和丰田等大型企业之间的差距在于，自己在订货方面无法维持适当的库存。因此，他们会在公司内部引入订单管理和库存管理体系，但公司的发展反而停滞不前。这是因为想得太多了。

具体来说，订货标准的设定是公司的瓶颈。应该在库存剩多少时订货，订多少合适？引入订单管理时必不可少的部分正是确定订货基准，而要找到正确且合适的基准是一件极其困难的事情。对此，许多管理者叫苦连天，往往会选择放弃。

第4章 注重数字，注重色彩

总而言之，先定一个"基准"

图4-13 空瓶后需补充，给所有的物资标上合适的基准

其实，破局的方法很简单，那就是先随意设定一个基准，让它运作起来。因为开始运用的是随意设定的基准，所以一定会出现问题。也就是说，如果基准太低，就会出现库存短缺的问题；如果基准太高，就会出现库存过剩的问题。当然，一开始就失败并不可怕，因为一旦有了结果，解决起来就简单了。如果发现基准定得太低，那就提高它；如果发现基准定得太高，那就降低它。反复运作几次后，正确的基准自然而然就出现了，没有必要想太多。

此时，"行胜于思"依然适用。只管去做，不必害怕失败，要勇于接受失败的结果并改正它。这是一个非常重要的诀窍。最糟糕的是在追求正确性的过程中想得太多，却不采取行动。

> **答**：设定基准十分困难。解决方法是，先随意设定一个基准。

第 4 章　注重数字，注重色彩

用一张标签维持适当的库存量

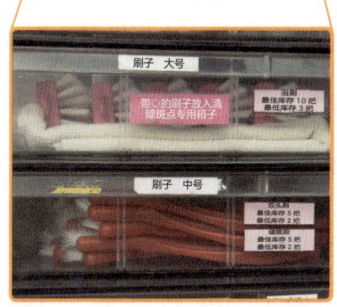

图 4-14　标记"最佳库存"和"最低库存"，如果低于最低库存，就要立即补货

问题 25　拥有12色荧光笔的员工问题出在哪里?

经营一家赚钱的公司,关键是不能有多余的东西,这个事实无论怎么强调都不过分。

你们公司的员工有多少支荧光笔?公司里是否有一个员工拥有一整套12色齐全的荧光笔?如果有这样的员工,你需要反思一下,这绝对是无用的。

要做什么工作才会使用12种不同颜色的荧光笔呢?一般情况下只会用到2种或3种颜色,如果职业特殊的话情况或许不同,但我从未见过,也从未听说过有什么特殊的工作需要用到12种颜色的荧光笔。

明明用不到,但却拥有一整套颜色荧光笔的员工想着"总有一天能用上",然而过了5天、过了1年，那一天也没有到来。等回过神来，才发现3年了，有几支荧光笔连笔盖都没打开过。

我再换一种问法。你的衣柜里有多少条领带？你的鞋柜里有多少双鞋？多数人都有几十条、几十双。尽管如此，其中总有一部分是3年来从未使用过的。那未来3年，你还有机会使用它们吗？

我们其实多少都意识到了，过去3年都没用过的东西，在未来也不会有"重见天日"之时。即便如此，我们也绝不会丢掉旧的领带和鞋子，只会把它们塞进柜子里，装不下就再买一个新的柜子。

> **答**：问题在于，永远用不到的东西却想着"总有一天能用上"。

【分论】
效果立竿见影的整顿技巧

第 5 章

别把愿望变成口号

问题 26 对业务改善来说不可或缺的信息是？

图 5-1 的"技能表"分解了职场对新员工的技能要求，可以立刻得知哪个员工、在哪方面、技能掌握到了何种程度。这个表格不仅能帮助员工更好地确定他们需要掌握的技能目标，也有助于提高他们的工作热情。此外，还有一个好处是，方便高层指导已经确定了目标的新人。

早在 20 多年前我们就开始使用这一表格了。刚开始只有一个部门使用，后来其他部门的人看到技能表，认为它非常方便，于是产生了借鉴的念头。自那以后，这一做法便在整个公司铺展开来了。

新人技能可视化

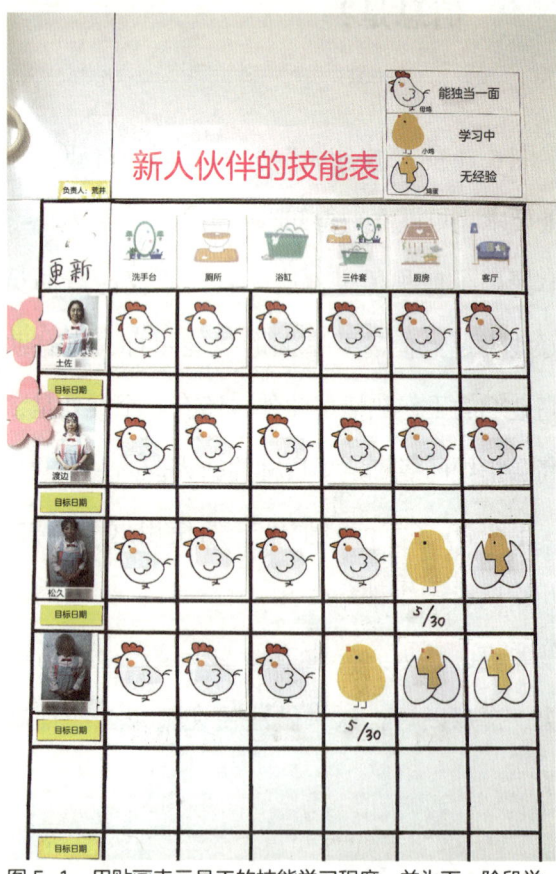

图 5-1　用贴画表示员工的技能学习程度，并为下一阶段学习的技能目标设定时间期限

但当我在现场巡视时,发现明明导入了同样的表格,有些部门取得了很好的结果,有的部门却毫无起色。两者之间究竟有什么区别?经过层层思考后,我心中有了答案。

第一,技能表是否直观。如果插图乱七八糟或文字过多,员工就没了看表的心思,制作技能表的意义也就不大了。第二,这与技能表的张贴位置有关。把技能表贴在醒目位置的部门,员工技能提高得更快,部门业绩也有所改善。仔细想想这并不奇怪,因为如果一开始就把技能表贴在员工不会看的地方,那么技能表就不会发挥任何作用。第三,是否在技能表中写入了"目标日期",也就是"需要在该日期之前掌握这一技能"的时间。写与不写的部门之间效果天差地别。

于是,我给高层下了如下指示:"技能表必须贴在醒目的位置,里面必须写上目标日期。"此外,我还对他们说:"技能表要做得直观易懂。我会根据技能表的完成情况给你们的岗位职责进行评价。"至此，许多部门的高层都着手进行技能表的改善工作，员工的成长速度也明显得到了提高。

道理事后解释起来很简单，但在现场中，这样的诀窍却很难被发现。实际上，在访问武藏野现场后拍下技能表照片的人当中，基本没有人注意到其中的玄机。技能表只是一个例子。无论是什么样的体系架构，一开始都可以导入最优秀的公司的做法来进行模仿，而不是追求原创。不过更重要的是，照搬做法之后，必须在应用的同时发现体系背后隐藏的奥秘，去积累这些窍门。

为了找到运用的窍门，有一个必不可少的信息，那就是说明"结果"的数据。你不仅要尝试不同的方法，还要在尝试之后结合数据来判断，思考部门的业绩是提高了还是下降了。当然，不存在一蹴而就的因果分析，因此我们需要多次查看现场，对照数据检验，不断地摸索试错。当数据的量积累到一定程度时，你就会像被打通了任督二脉一样顿悟，会感叹："啊，原来这就是其中的诀窍。"

如图 5-2 的照片所示，在我们公司，每个部门都会把当月与去年同一月份进行对比，公布半年的毛利润和营业利润。我们的要求是：与去年同月相比，如果利润计算得出为正数，则用黑色表示，如果是负数，则用红色表示。有一些部门甚至用上了年度业绩图，对近 12 个月的数值进行均分。

我还发现，技能表的运用也是多年使用表示"数据结果"的表格或图表思考出来的。隐性知识①是从大量的数据中解读出来的。在商业世界

---

① 隐性知识（Tacit Knowledge）：迈克尔·波兰尼（Michael Polanyi）在 1958 年从哲学领域提出的概念。他认为："人类的知识有两种。通常被描述为知识的，即以书面文字、图表和数学公式加以表述的，只是一种类型的知识。而未被表述的知识，像我们在做某事的行动中所拥有的知识，是另一种知识。"他把前者称为"显性知识"，而将后者称为"隐性知识"。（译注）

将较差的数值标红

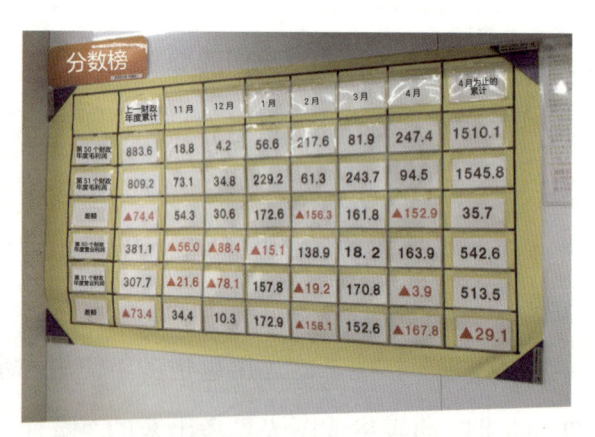

图 5-2 每个部门公布的近 6 个月的业绩数据。要求是：在当月与去年同月比为负数的数值上画"▲"并标红

中，隐性知识很难获得，如果没有坚持每天积累和使用数据，你就无法获得隐性知识。因此，必不可少的一环是要作出假设，然后实施，看一下数据结果，判断假设是否正确。如果不正确，那就做另一个假设。如果积累的数据没有假设做参照，我们永远也无法获得隐性知识。

我们公司的环境卫生检查的分数满分是120分，我会按照各个工作现场的整理、整顿、整洁的情况进行打分。有时我会把分值调整为满分100分，参照这一角度的数据进行思考时，我又注意到了一个完全不同的事实：得分低于95分的部门，上司明显存在问题。其中一个共通的问题是，整顿这一项的分值偏低。于是，我提出了一个假设：环境卫生检查95分是否就是上司能力的分界线呢？然后，我将连续三次部门得分在95分以下的课长换掉了。

善于工作的人，无论面对人生的何种局面，

都会经常做假设。他们即使在小小的"剪刀石头布"游戏中也是如此。"从过去猜拳的情况来看,这个人经常出'石头',但他现在太累了,很有可能不假思索地就出'布',所以我这次要出'剪刀'看看。"他们经常做这样的假设并进行验证。正因为在日常生活中反复地进行思想实验,不缺乏大脑的训练,他们才能想出有效的点子来改进工作。

答:验证假设的"数字"。

问题 27 "注重结果"指的是注重什么?

"拿出结果来!""要注重结果!"……很多社长或高层会这样大声命令员工,但这种命令一点效果也没有。"注重结果"指的是注重什么呢?注重的是"数据"。

即使你下达了"拿出结果来"这样抽象的指示,也不会得到什么有效的结果。我的做法是,让员工把他们部门取得的成绩数据张贴出来(图5-2)。我会在环境卫生整改检查中确认员工是否按要求贴出了数据。话虽如此,我也不会去严厉批评那些数据不好看的部门的员工,因为没有必要。公司规定,要把与去年同月相比的利润为负数的值标红,公布数据的地方又十分显眼,所以当看到数据是"满江红"时,任谁都会脸上无光。

特别是对于高层来说，他们的奖金很大程度上受到毛利和营业利润数据的影响。因此，"满江红"的部门的高层奖金减半是家常便饭。即使不愿意，他们每天也都要查看这些关乎切身利益的数据。如果数据不好看，不用我多说，他们也会思考并采取行动。

如果注重正确的数据，就不再需要说那些激励人心的话了。

> **答**：注重"数据"。

问题 28　无效标语的特征是什么？

访问中小型公司时，我经常会看到一些标语，比如"今年的销售额必须达到××亿日元！""必须保持厕所干净！"……

然而，大多数有这些口号类标语的公司或销售业绩不佳，或厕所并不干净。他们的根本问题在于，社长将自己的愿望直接变成了标语。"如果销售业绩能够增长就好了。""要是我们的厕所能保持干净就好了。"社长即使说出自己的愿望，员工们也不会做出改变。

我们公司也有很多张贴出来的材料，但没有一张会直接写出我的愿望。张贴的内容只会有两种：第一种是说明结果的数字，第二种是取得成果的方式和手段。当员工在工作中取得成果时，他们自然会很高兴，因为人事评价分数提高了，工资和奖金也会上涨。如果公司提供了正确的涨薪方法或窍门，那没有什么比这更能令人高兴的了。因此，如果公司公布了正确的方法，员工必然紧随其后。

重要的是，社长和高层要找出能获得成果的正确方法，并正确引导员工。

答： 直接将社长的愿望写成了标语。

问题 29 让员工充满干劲儿的表格的魔力是？

问题28中提到，我们公司张贴出来的材料只有"说明结果的数字"及"取得成果的方式和手段"。所谓"说明结果的数字"，是指毛利和营业利润表以及年度图表。而"取得成果的方式和手段"，是指图5-3所示的图表。

这张图表是得斯清的事业部正在使用的、帮助销售人员赢得合同的工具（方法）。图表上的"投入"是指向客户提供免费样品的数量。次数在便笺上一目了然。此外，表格上还贴有客户表示有签约意向的件数、客户实际签合同的单数，以及放在"回收"那一栏中的未能签订合同的件数。

如果你没有进行"投入"，那么合同的件数就不会增加。结果取决于起点的努力程度。我们把

对照展示"付出"和"结果"

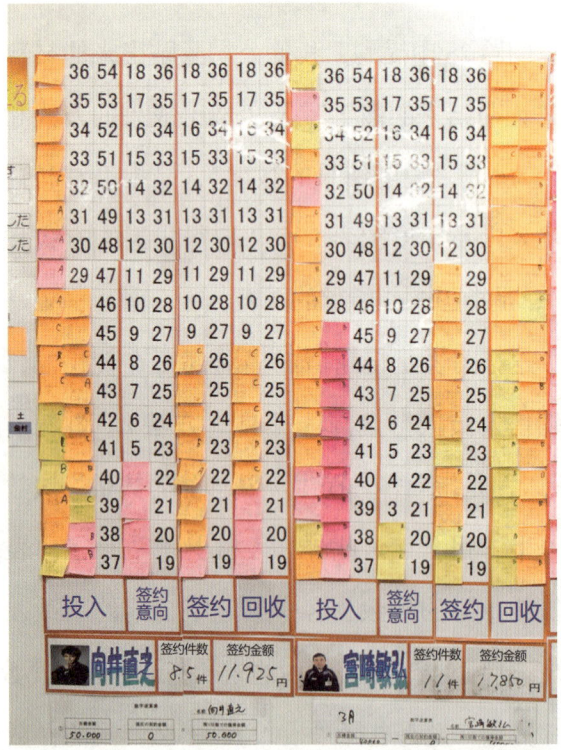

图 5-3 "投入"是指向客户提供免费样品的数量。图表清楚地展示了签约件数和"投入"方面付出的努力之间的因果关系

这么显而易见的道理可视化，以肉眼可见的形式呈现了出来。

在武藏野的工作现场，经常会出现员工的实际付出超出了原本张贴范围的情况，便笺都贴出了表格界限外。如图5-4所示，员工"光本"（光本惠里香）的表格就突了出来。看到这幅光景，任何人都会觉得"光本工作很认真，很努力"。而光本受周围人赞赏的目光所激励，也会变得干劲儿十足。实际上，光本仅在进入公司3年后就被提升为了课长。

这种超出范围的表格仅靠光本一个人的力量是无法完成的。这是当时制作表格时，光本的上司牛岛弘贵课长使用了一点点"坏心眼"（褒义）才达到的效果。说实话，想要便笺超出表格范围并不是太难，只要在开始设置表格的上限时，把上限值设定得比员工现有的水平更低即可，关键在于衡量尺度。打个比方，一个身高150厘米的人

表扬表格超出范围的员工

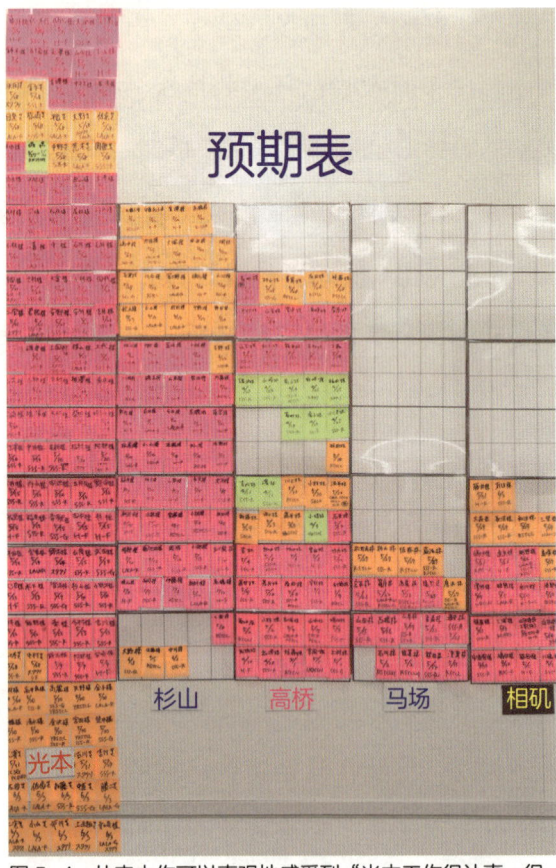

图 5-4 从表中你可以直观地感受到"光本工作很认真,很努力"。请思考:这张表格的背后藏着上司怎样的考量?

第5章 别把愿望变成口号

如果站在测量儿童身高的标尺旁,他会看起来很高大,但他如果站在成人的身高标尺旁,就会显得很矮小。衡量尺度的问题和测量身高的道理是一样的。

那么作为上司,你要如何对待最努力工作的下属?是让他产生自卑的情绪,认为"自己做得不够好,已经到极限了",还是让他充满自信,认为"我真厉害"?两者之中,哪一个更有可能在将来产生好的结果?

答案显然是后者。因此,我们需要调整图表的评判标准,要让努力的员工看到自己的成绩能够产生"我很优秀"的想法。出于同样的考量,我们采用了较大的便笺来制作图表。如果图表本身很小,那么即使柱状图的柱子超出范围,感官冲击力也不够强。而如果一张图表贴满了整面墙,效果就会很突出,员工就会产生惊喜的情绪,充满自豪感。

武藏野公司的柱状图有时贴到了天花板，甚至在天花板上延伸（图5-5）。许多员工正是抱着"再完成一单我就能贴到天花板了"的决心克服了困难局面。

综上所述，一张图表的制作方式可以使员工的思想产生巨大变化。

答：改变衡量的尺度，让员工看起来更优秀。

第 5 章 别把愿望变成口号

图表超出范围，直通天花板

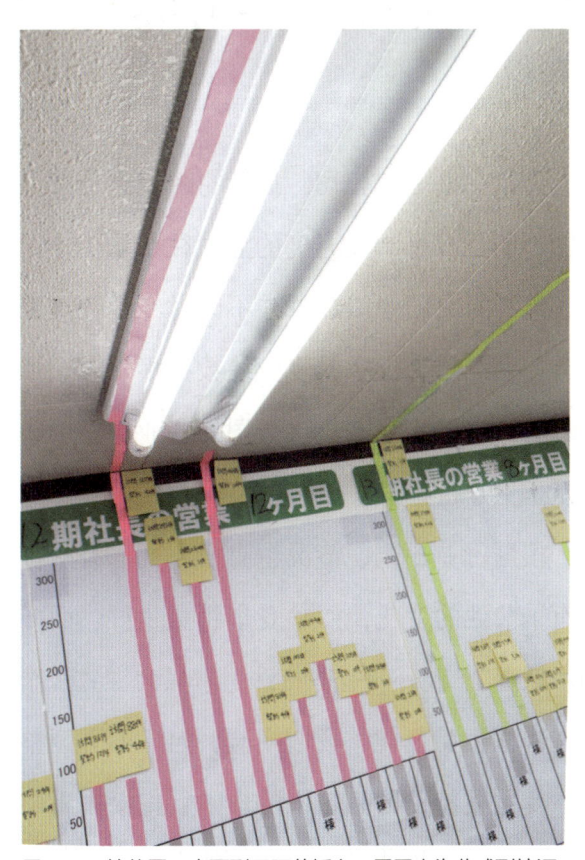

图 5-5 柱状图一直画到了天花板上。周围人为此感到惊讶，而员工本人非常兴奋。这张照片是作者指导过的一家公司的最好的销售业绩图表

问题 30 最有效的业绩图的做法是？

无论在哪一家公司，常见的图表之一都是业绩图，而且几乎都以月度的业绩柱状图为主。然而，单纯的月度业绩数据并不会对经营管理产生多大用处，因为仅凭月度业绩数据根本无法抓住大趋势，也无法得知自家公司的营业额在中长期内是呈上升趋势还是下降趋势。

根据行业不同，情况也有所不同。有些行业会有季节性的变化，如"夏季销量良好，而冬天销量低迷"。此外，有些特殊因素只会导致一个月的销售额发生变化，或增或减。如果不去调整季节性变化或特殊因素带来的影响，直接去看整体的月度业绩数据的话，很有可能会错失大局。结果，有的公司可能会因为在一个前景不好的行业中大开分店而导致亏损，也有的公司可能在一个增长势头迅猛发展的市场中，因扩大销售过迟而错失商机。

那么，如何防止这些情况发生呢？答案是：亲手画一张年度业绩图。由于"年度业绩"涵盖最近一年每个月的业绩移动及情况，因此也被称为"移动年度业绩"。由于年度业绩图对季节性变化进行了调整，一些临时的特殊因素影响也比较小，因此它的数据最有利于跟踪和把握中长期趋势。

然而，意识到年度业绩图重要性的社长并不多。即使知道它的重要性，很多社长对它也存在着错误认知，仅仅满足于将年度业绩图的制作交给下属。如果只看下属做的年度业绩图，那还是会错过市场变化的转折点。因此，社长有必要，也必须亲手绘制一张年度业绩图。我会在社长办公室贴上一张业绩和毛利图，并时常进行确认（图5-6）。不仅是我，高层们也会在各自的部门做一张年度业绩图。

解读经济转折点的年度业绩图

这是贴在社长办公室的年度业绩图,可纵览14年来的月度数据,从而掌握全局。

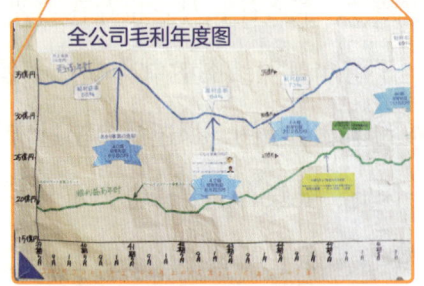

全公司毛利年度图

年度业绩图上还写着每一次的业绩、对公司来说是转折点的重大事件等。

图 5-6　在社长办公室张贴的业绩和毛利图

第5章　别把愿望变成口号

为什么需要社长亲手绘制呢？为了在图表的折线发生变化时，能够迅速而敏锐地察觉到变化。

有了年度业绩图，你在经营管理中需要做的事情就很简单了。首先，如果年度业绩图的走势平缓，就可以判定公司正接近高峰或低谷，也就是正在接近业绩的转折点。换句话说，我们所在的行业正在"从繁荣走向低迷"，或者"从低迷走向繁荣"。其次，如果年度业绩图开始滑坡，就需要重新审视公司的开支，这意味着公司正在逐步走向衰退期。最后，如果年度业绩图开始走高，则需要扩大销量，这意味着公司正在逐步进入繁荣期。

在我看来，亲手绘制年度业绩图的社长要比没有亲手绘制的社长提前9个月察觉到市场上行情转折点的变化。无论是在开销方面踩下刹车，还是在销售方面踩下油门，9个月的时间优势都会导致业绩发生巨大变化。在这段时间里，你可以把

年度业绩图也是高层的必修课

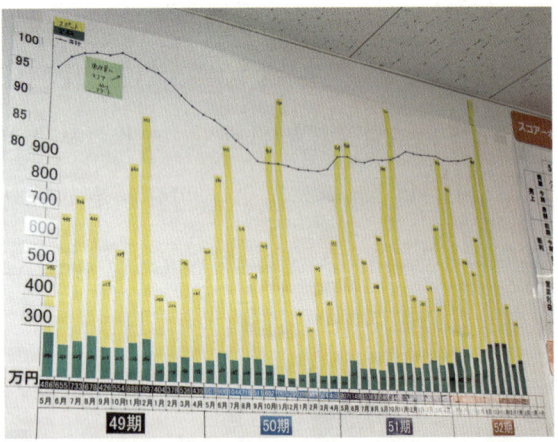

图 5-7 每个部门都制作了年度业绩图。这个部门的做法是把年度的图表叠加在月度图上

第 5 章　别把愿望变成口号

市场上的变化转变成与竞争对手拉开差距的良机。

> **答**：社长亲手绘制年度业绩图，避免错过市场变化的转折点。

按产品分门别类地绘制年度业绩图

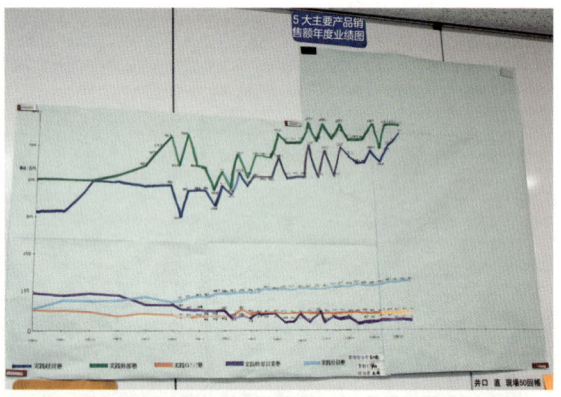

图5-8 将5大主要产品的销售额以年度业绩图的形式展现。这个部门的月度营业额波动特别大,部门内应尽全力分析中长期趋势

问题 31　如何防止计划表的形式化？

如果你问我们公司张贴的最重要的一个材料，那我会举图 5-9 的"实行计划表"这个例子。在我们公司，每个部门每个季度都要制作一张"实行计划表"。公司的方针政策由我和高层通过"经营管理计划"向大家公布，承接总方针的各个部门的计划则由现场的正式员工和兼职员工下情上达、通力完成。

具体做法是：让团队的每个成员回顾过去 6 个月的情况，在一张纸上写下他们认为存在的课题，然后张贴到白板上进行评估，决定后半年的工作计划。

首先是确定未来 3 年的目标（愿景），然后从 3 年目标开始倒推，确定未来半年的"重点方针"、

下情上达的"实行计划表"

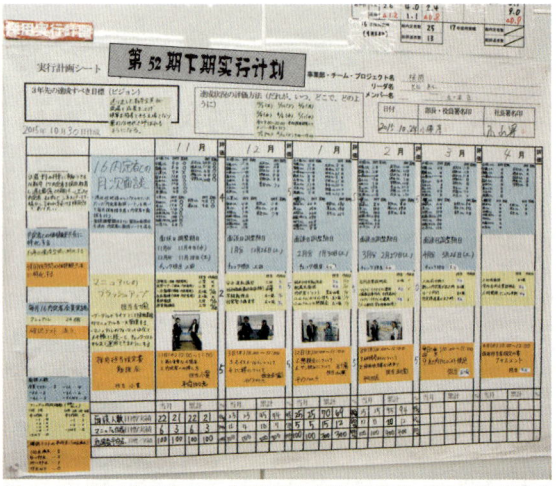

图5-9 这是各部门用一张模造纸制作出来的"实行计划表"。含兼职人员在内,各部门每半年都要以下情上达的协作方式制作一次计划表

"目标"和"重点措施"。其次，为核实重点措施能否得到稳步实施，我们会事先定好"评价标准"，然后每个月根据这个标准，分五个阶段对实行情况进行评价，将结果填到表格中。这就是我们的评价体系（图5-10）。

事实上，实行计划的评价是最重要的秘诀。许多公司制订好了计划（Plan）却得不到实行（Do），使计划完全沦为了形式化的纸面文件，导致经营管理的基本，也就是PDCA循环无法发挥作用。所以，从制作计划表的阶段开始，就要事先规划好"什么时间、怎样检查落实（Check），以及如何进行改善（Action）"。

我们公司从一开始就在"实行计划表"的模板上设置了"评价标准栏"和登记结果的"评价结果栏"。为了确认员工是否落实了评价要求，我们还会在表格的相应位置上张贴证据照片。

> **答**：在实行计划表中设置"评价栏"。

计划表的重中之重——"评价栏"

事先定好评估计划落实情况的评价标准

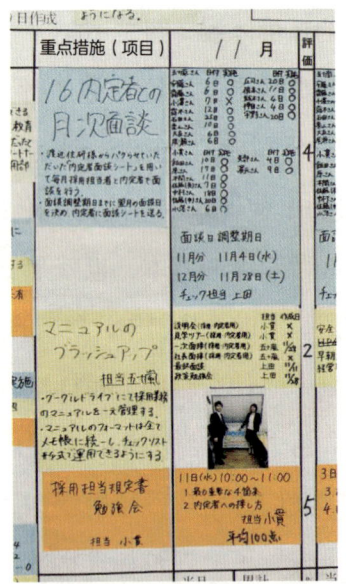

每个月按照五个阶段对落实情况予以评价。评价时需拍照为证,并张贴在计划表上。

图 5-10 "实行计划表"的案例

问题 32　社长检查员工制作的"实行计划表"时，应该检查什么？

员工制作"实行计划表"后，会先经由部长、主管等检查，然后交由我审批签字。我会依照评价标准来检查实行计划的一致性。由部长、主管批准的"重点方针"、"目标"和"重点措施"基本上没有什么大问题。

但是，评价标准的"轻重"却很难把握。虽说评价标准过于宽松或过于严苛都不可取，但总的来说，在过于严苛的标准下，失败的人会十分显眼。无论现场的员工多么努力，他们都只能拿到"0分"。在如此严苛的评价标准下，员工从一开始就失去了动力。

身为社长，我会仔细检查的只有评价标准。在图5-10的"实行计划表"中，如果评价标准为

"若抽检平均分为100分，则评价等级为5；若抽检平均分为90~99分，则评价等级为3"，那么我会从目标设定的角度来检查标准是过于严苛还是过于宽松。看到"实行计划表"时，首先要确认的就是评价标准，其次才是部门方针、愿景等。

> **答：** 评价标准的严格程度。正确做法是把评价标准定得相对宽松一些。

问题 33　"下情上达"的经营管理是正确的吗？

武藏野是一家下情上达模式的公司，正式员工和兼职人员每天都在不断改进他们的工作。工作现场的情况变化十分迅速，甚至连我这个社长都无法看清公司的全貌。即使在高管中，也找不出一人能够掌握全局。而这也只不过是近十几年来的情况。

在我任职社长的 15 年来（1989 年至 2004 年），虽然给出过三个"超优"评价，但是我们公司的上情下达做得并不充分。刚开始的时候，我们的员工都是一些飞车党或是读了几个月高中就辍学的麻烦人物。我不得不采取强硬的态度，甚至不惜动用职权来对付那些随意翘班的员工。如果不强迫他们按照要求去做，就不可能教会他们作为社会成员的基本素养,如整理、整顿、整洁、问候和守时等。

后来在2000年左右,我们获得了日本管理质量奖,甩掉了这种强迫性质的教育员工的模式,员工也获得了成长。自此,只要定下了计划,我就会将计划进行PDCA循环。

再后来我下定决心,改用"自下而上"的管理方法。2004年,我宣布了一个重大决策,那就是我不再做决策,只检查由高层或员工决定的事项,在他们决定的内容上签字同意。这就是所谓的流程管理(Process Management),带领我们公司取得了更好的发展。我给现场的员工和兼职人员提供了管理数据,让他们来制作"实行计划表"。

刚开始时现场一片混乱,因为过去常说"不要想!照做就是!"的社长却突然提出了"思考怎么做"的要求。包括管理支持事业部的部长大森隆宏在内,许多员工都将流程管理误解为职业摔

第5章 别把愿望变成口号

跤管理（Pro Wrestling Management），对此感到困惑不已。

不久之后，员工开始体会到权限转移的乐趣。正如前文所介绍的，我们公司规定要在"实行计划表"上张贴照片留作证据，我会在每四周一次的环境卫生改善检查中进行确认。这个检查机制源于一名员工的建议。每个人都希望自己的想法能在公司得到广泛应用，因此员工会期望由社长亲自进行检查。

结果，我们员工的工作水平不断提高，而且他们也很乐意这样做。身为社长，我现在只是员工的提线木偶，员工们也很享受社长按照自己所说的去做这一过程。这就是武藏野公司现在的模样。

一方面，自上而下的上情下达具有决策迅速的优势。它之所以迅速，是因为只有社长一个人做出决定。然而，员工执行决定的速度却并不迅速，或者说根本执行不了。员工们不理解为什么要这样做，他们的认同感很低。无论多么完美的计划，如果无法执行，也只是纸上谈兵而已。

另一方面，自下而上的下情上达需要花费大量时间来收集员工的意见并做出决定。但是一旦决定好，员工的认同感就会很高，因此执行起来会快得多、稳妥得多。最后要说哪个更有效，那么必然是后者——自下而上的管理模式。

当然，员工成长到一定水平是自下而上管理的重要前提条件。如果在过去的武藏野公司导入自下而上的管理模式，那无异于自我毁灭。要从自上而下走到自下而上，顺序很重要。

如果问："自上而下和自下而上两种模式中，你喜欢用哪一种来领导你的员工？"几乎所有的社长都会回答："自下而上。"但当问到"为什么要自下而上"时，没有多少社长能给出明确的答案。因为没有什么深层的原因，只是感觉"自下而上的管理模式很不错"。

如果你仅仅因为感觉不错而选择采用这个模式,那么你的公司终将走向灭亡。如果你因为这种模糊的原因而选择自下而上的管理模式,那你还不如守旧地选择自上而下的管理模式。

那么,下情上达应该做什么?答案是:改善环境卫生。

> **答:** 顺序很重要,要从"上情下达"走向"下情上达"。

自由伸缩图表

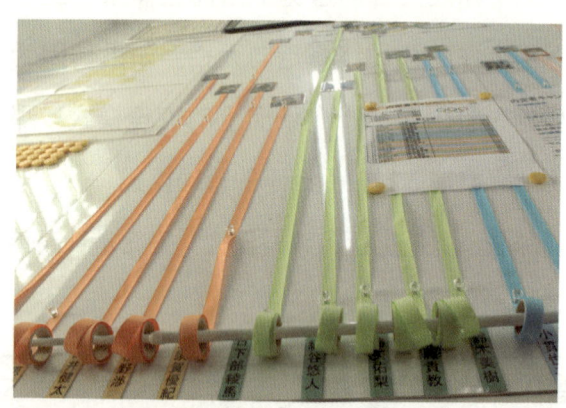

图 5-11 这是用纸胶带制作的个人成绩表。表格可以自由伸缩，顶端会用磁铁固定住

图 5-12 这是作者公司的楼梯平台。在员工频繁出入的地方公示想让员工关注的公司信息

【分论】
效果立竿见影的整顿技巧

第 6 章

击溃99%的错误，超模拟信息管理

问题 34　使用磁铁的检查表究竟方便在哪里？

你能看出图 6-1 照片中的检查表的优点吗？得斯清专门负责渠道销售的法人部门正在使用这一表格。它是武藏野公司开始改善业务时的一项历史作品。

这张表格的左端列出了 8 位销售人员的名字，黄色磁铁用于检查每位员工是否从客户那里收到了租赁费用。从本质上看，它是一种防错机制。在一天的工作开始前，销售人员会在最上面的"未收款"一列放上 8 块磁铁。销售人员结束一天的行程回到公司之后，如果已经收款，就把磁铁移到"已收款"一列。因此，在一天的工作结束时，8 块磁铁会在左边整整齐齐地排成一列。问题是，接下来应该做什么？

小小创意，改变了公司历史

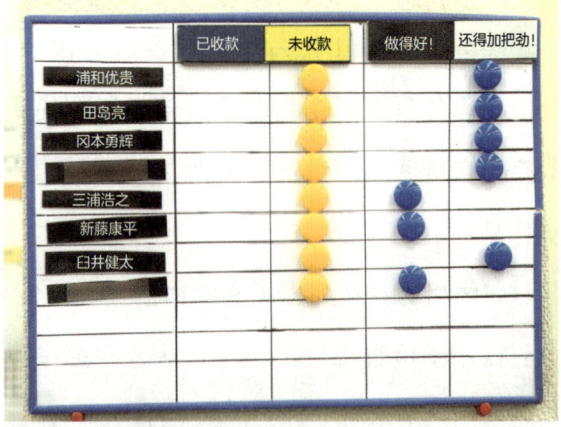

图6-1 收款确认时间缩短到原来的1/8。请思考：灵活使用磁铁这一虽小但充满创意的方式的具体做法是什么？

第6章　击溃99%的错误，超模拟信息管理

答案是：第二天早上，8块磁铁要再次移到"未收款"这一列中。这时候，几乎所有的公司都会一个一个地移动磁铁，一共移动8次。而我们公司只需要移动一块磁铁，因为检查表上的"未收款"和"已收款"两个表头也是磁铁，只要变换一下这两块磁铁的位置就可以了。图6-2表格的右半部分也是同样的原理。

虽然极其微小，但是这个细节不容轻视。正是因为彻底击溃了这些琐碎细节，武藏野公司才能在30年后，从一家常年亏损的小本企业摇身一变，成为一家高收益的公司。8块磁铁一个一个地移动，刚开始可能会觉得有些麻烦，但只要重复3次，员工就会习惯，不会意识到要想出一个方法去解决问题。做到主动解决问题，这需要具备相当高的水平。

我曾去过这样一家公司做指导，该公司的一楼是办公室，二楼是仓库。

质疑应该移动的物品

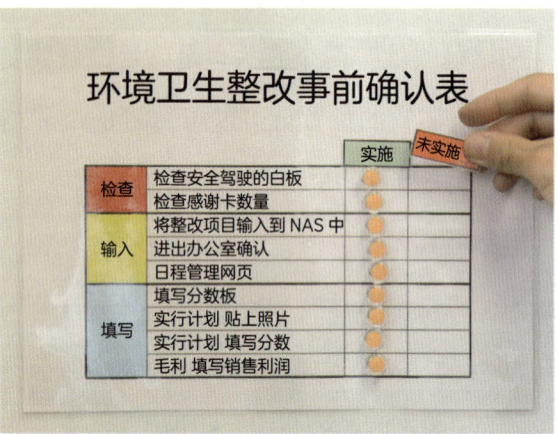

图 6-2 所有项目完成后，需要将表格全部归位到"未实施"的状态。那么，移动什么才比较轻松呢？

我问一位一楼办公室里的女职员："从早上上班到下班，你有多少次走出办公室？"

"最多一到两次吧。"她答道。

于是我又问："这间办公室每天都有客户来访吗？"

"几乎不来。"当她回答这一问题时，二楼却是人员出入频繁的景象。

这是一件多么愚蠢的事啊！他们只要把一楼改成仓库、二楼当作办公室就能避免他们"愚蠢的浪费"。虽然上下楼梯进出搬运货物有益于锻炼身体，但从赢利的角度来看，这种做法实在是过于愚蠢。然而，现实中很少有人有资格嘲笑这家公司，因为无数公司都在放任这种"浪费"行为。

人类生来就喜欢以迟缓和低效的方式工作。因此，许多老板看到这些员工后，就会误以为他们在努力工作。如果员工喜欢做这些麻烦的事，老板就喜欢让他们做，这样下去怎么可能赚到

检查完后贴上"笑脸"磁铁

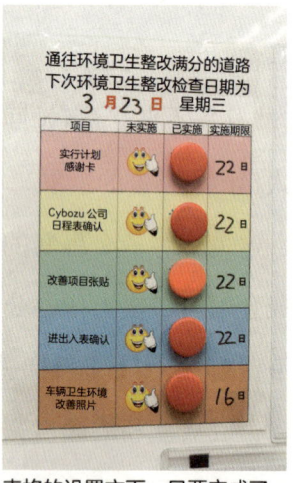

表格的设置方面，只要完成了所有的检查项目，表上就会有"笑脸"浮现。

左侧的"每日分项"等检查项目也都用到了磁铁，方便灵活应对变化。

图 6-3　环境卫生整改的每日进度表

钱呢？

在这个意义上，图6-1的照片就是一块试金石。请看一眼那张照片，你能否注意到移动磁铁的时间缩短到原来的1/8了呢？社长能看出来吗？员工能看出来吗？能否看出其中的奥秘，是考验现场实力的关键。

> **答**：移动磁铁的时间缩短到原来的1/8，效率得到了大幅提升。

问题 35　重要的信息均用模拟化的手段共享，原因是？

图 6-4 的照片是"工作可视化"的真实案例。在同一职场工作的每位员工的日程表都会被放大，然后张贴在公司的墙上，进行信息共享。

这个部门对接的是特斯科[①]（Terminix）事业公司。这家公司专门为餐饮店等客户提供灭除蟑螂等有害生物的防治服务。工作人员会定期访问客户的店铺。在使用蓝色、白色磁铁的日程表上，你可以轻松了解三名员工每个人在几月几日、哪一段时间访问了客户并为之提供了服务。蓝色和白色的磁铁上面标记着客户的店铺名称，且磁铁

[①] 特斯科是一家害虫防治服务公司，服务内容涵盖技术检查、日常预防性检查、虫害预防、控制净灭工作、清除害虫污染物、专业消毒等全过程。（译注）

工作有进展,磁铁蓝变白

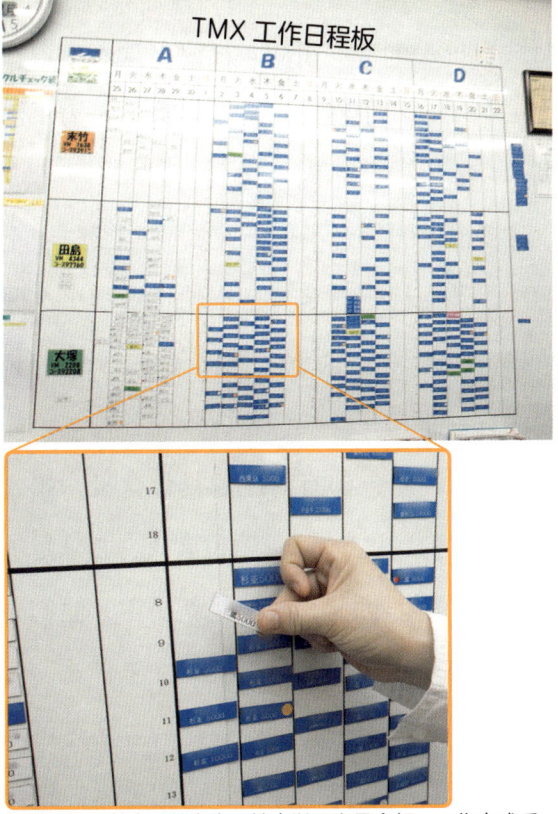

磁铁上标记着客户的名字、地点以及交易金额。工作完成后把磁铁翻过来,磁铁颜色即由蓝变成了白色。工作进度情况一目了然。

图 6-4 特斯科的工作日程板及双面磁铁的应用

一面是蓝色，另一面是白色。提供服务之前，员工会把磁铁翻到蓝色的一面，服务结束后，再把磁铁翻到白色那一面。由此，每位负责人是否在按计划工作便一目了然了。这一做法也是为了防止错漏。

磁铁提供的信息不仅于此。请看图6-4下方的照片，上面标记着客户店铺的位置和单次服务的价格，能有效防止金额计算的疏漏。此外，你是否也注意到了橙色、红色和白色等各种颜色的圆形贴纸？每种颜色都有对应的具体含义，如"已从客户处拿到钥匙""对待这位客人，必须足够礼貌和尊敬"等。因此，即使是新员工，他们也能从上班的第一天起明确知道应该注意什么。对于比较注重礼仪的客户，我们用这一方法还可以有效防止因为新人敷衍地打招呼而招来客户投诉的问题发生。上司不必事无巨细地教导下属怎么做，下属也能知道做事的窍门。这样既节省了指导的时间，也减轻了新人的压力。

最近，以从事群件（Groupware）研发的才望子[①]（Cybozu）公司为首，越来越多的公司开始引入IT（信息技术）手段来促进职场信息共享，我们公司也正在积极使用这一方式。但是，真正重要的信息还是要以模拟的方式分享，因为不是谁都能熟练应用已经融入IT手段的数字信息。

员工自行登录Cybozu的界面，查看自己明天的工作日程。这一工作方式仅凭熟练使用IT技术手段是不够的，还需要强大的自制力。

而如果像图6-4一样把信息放大、张贴到墙壁上，那么员工即使再不情愿，也能看到这些信息。无论自控能力有多差，他们都需要确认自己的日程并按照日程做事。

当我谈论这个问题时，有些人可能会产生误

---

① 才望子Cybozu：公司名称取自英语单词Cyber（网络）和日语单词bozu（孩子），寓意为承担网络社会未来的人。（译注）

解。"我们公司（工作现场）里有很多自律能力很强的人，所以没有问题。""只有那些自我管理能力低下的人才应该使用信息模拟系统管理。""本质上，提高人们自我管理能力的教育不是更重要吗？"……

为什么这些想法是错误的？首先，公司的组织架构应该以能力较差的人为基准去进行设计，即使现在公司的员工具有较高的能力，也应该这样规划设计。公司会不断引进新的人才，如果一个运用IT技术的职场当中引进了一名IT技术能力较差的新人，结果会怎样？上司根本无法教会他工作。即使是能力水平较低的新人，我们也需要他们从一开始就帮忙做一定的工作，否则公司根本赚不到钱。因此，公司首先要做的，就是以模拟的方式分享信息。

其次，建立起以模拟的方式共享信息的体系之后，所有人都要使用同一个系统。如果对那些具有良好自我管理能力的员工进行特殊对待的话，那么系统操作起来就会很麻烦。本来自我管理能力就不是一朝一夕能获得的，它因人而异且差别很大，有些人终其一生也学不会。那他们对公司来说就是不必要的吗？并非如此。有些人的自我管理能力差，但沟通能力非常出色。对于这部分人，与其去改善他们的弱点，不如在他们的强项，即发挥他们的沟通能力方面多花些心思，这样对公司的益处更大。

公司组织架构的建立应该是让能力最弱的员工也能取得成果。许多公司的经营者和管理者在设计组织架构时，就已经默认"所有员工都有能力完成工作"了。这种设计的背后其实有一个陷阱——如果在"所有员工都有能力完成工作"的组织架构中安排了一个"不能干"的人，那么组织将无法运作。但如果这个组织架构设计时针对的是"不能干的人"，那么你安排进能干的人，运作上也基本不会出大问题。

　　一个以"不能干的人"为前提设计的组织架构是具备超模拟化水平的。墙上张贴着色彩缤纷的磁铁的日程表，正是其中的一个例子。

> **答：**确保"能力水平低下的员工"也能确认自己的日程并按照日程做事，以防组织无法顺利运行。

你参加培训了吗?

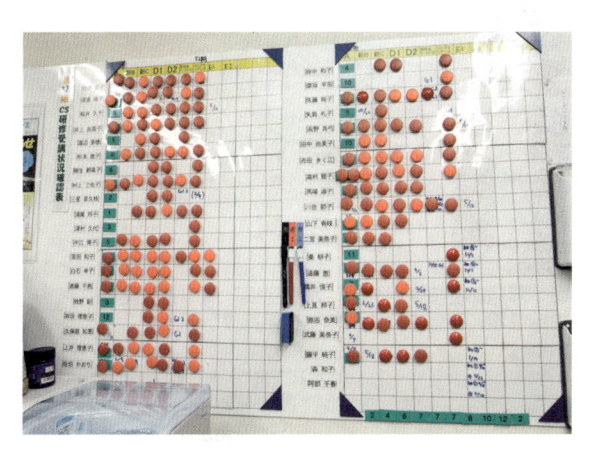

图6-5 对培训出勤情况进行个别抽查。如果在一个显眼的地方列出员工参加培训的情况,那么即使你不催促,员工也会主动参加培训

汇总发布"常见错误"清单

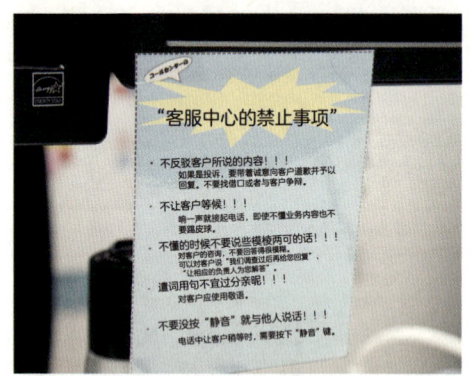

每个部门都会按条目列出"常见错误"清单并张贴在指定位置。客服中心的清单贴在电脑显示器上。

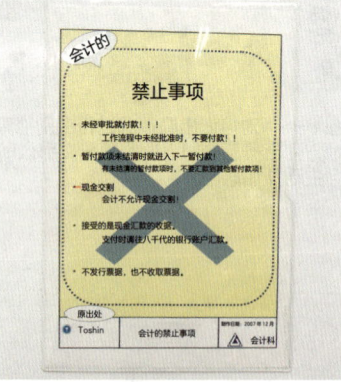

这个做法是从东伸公司借鉴来的。标清借鉴做法出处（表格左下方），让员工知道公司鼓励借鉴参考他人的做法。

图 6-6　参考东伸公司制作的"常见错误"清单案例

第6章 击溃99%的错误，超模拟信息管理

问题 36 以模拟化方式呈现客户意见的原因是？

认真听取客户的意见，仔细观察客户的反应，这一点的重要性怎么强调都不为过。近年来，运用IT技术与客户沟通的情况越来越常见，在提高客户满意度这一点上，模拟化的沟通方式不可或缺。当别人花费时间精力为你付出时，你会感到非常快乐。"运用IT技术提高效率"，这是保障业务联络和经费结算的强大后盾，因此而节省下来的时间要直接利用在与客户的沟通上，这是我们的原则。

如图6-7所示，这是为家庭提供家政服务的Service Master部门（SM事业）为收集客户反馈而设计的一个模拟版推特。员工将他们在客户家里听到的反馈信息写在便笺上并张贴出来。运用这

模拟版推特

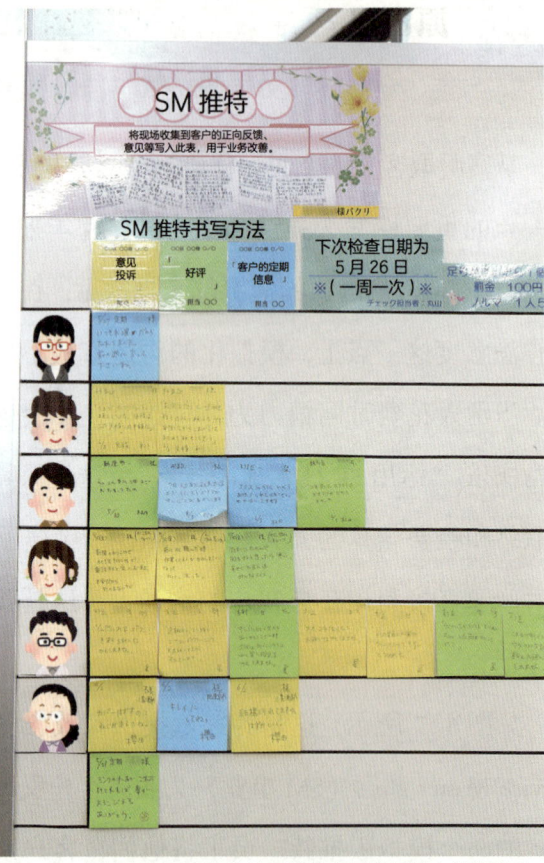

图6-7 把从客户那里收集的反馈信息写在便笺上并张贴出来。让员工像在玩游戏一样，培养他们倾听客户意见的习惯

种方法很容易看出哪位员工收集的反馈最多。而且，反馈内容根据便笺签颜色可分为"差评""好评"等，可以更直观地看到客户的反馈中哪种声音更多。

这些客户意见也可以通过数字化方式分享。那么，为什么这个部门要以模拟的方式共享信息呢？首先，因为这是希望大家看到的重要信息。其次，因为这些信息本身就是以模拟的方式记录下来的。例如，电子邮件订单等通过数字化方式收到的信息打印出来只是白白增加了无用功。我们公司内部的有效做法是"数字化的信息就以数字化的方式流通、处理"。

将口头投诉转换为数字化形式反而更加费时。你需要回忆对话的内容，将其转换为句子，然后用键盘输入。这不仅费时费力，而且往往很难顺畅地表达出来。大多数人没有较高的写作能力，他们无法以数字化的形式再现模拟信息的情况。

以模拟方式出现的信息应该以模拟方式处理。投诉的重要性以口头报告的方式能够更快、更准确地传达出来。因此，我经常使用语音邮件。

通过 Service Master 部门员工的传达，其他员工在自己家打扫卫生的时候就能听到客户的反馈。这简直就是一个栩栩如生的模拟信息现场。一边与客户交谈一边在 iPad 上做笔记虽然很有效率，但这毕竟是不礼貌的行为，员工充其量只能一边听一边把笔记写在便笺上。而当员工离开家时，相比于数字化的键盘输入，用模拟情境化的手写方式把内容写出来更快。倘若使用数字化方法，行文往往需要更长的时间。

这一方法同样适用于表扬或批评下属。努力工作的下属、偷懒耍滑的下属，都是模拟的、情景化的信息。除非你具有与作家同等程度的写作水平，否则不可能以数字化的文字传达出你对他们行为的感受。所以，要口头予以回应，要用手写的内容给予反馈。

模拟化方式的好处在于,能够通过花费一些时间和精力陈述事实,传达出感受的深刻程度。

> **答**:将模拟化信息转换成数字化信息太麻烦,且不容易传达用户的真实想法。

梳理客户意见

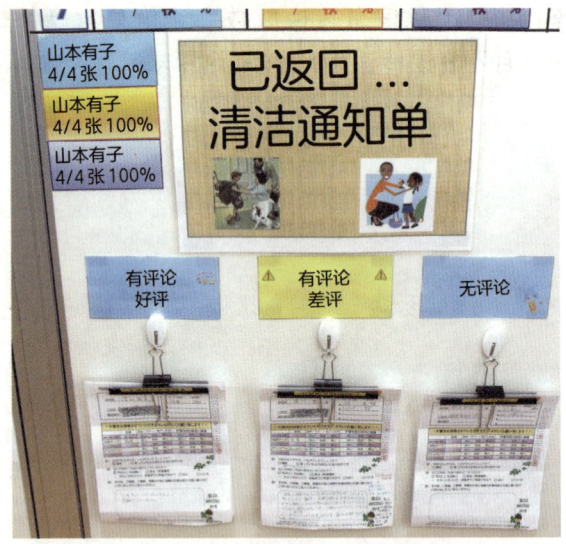

图 6-8　按是否有反馈意见和内容对客户调查表（清洁通知单）进行分类，并按照方便员工取用的方式进行整理

第 6 章 击溃 99％的错误，超模拟信息管理

> **评价标准是"客户的心声"**

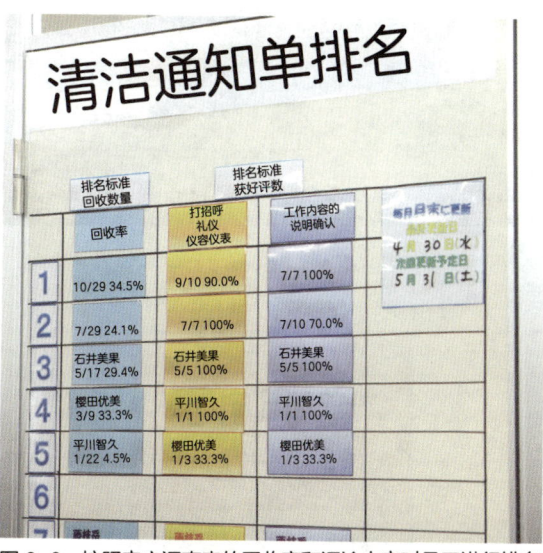

图 6-9 按照客户调查表的回收率和评论内容对员工进行排名

绝不能忘记推荐人的名字

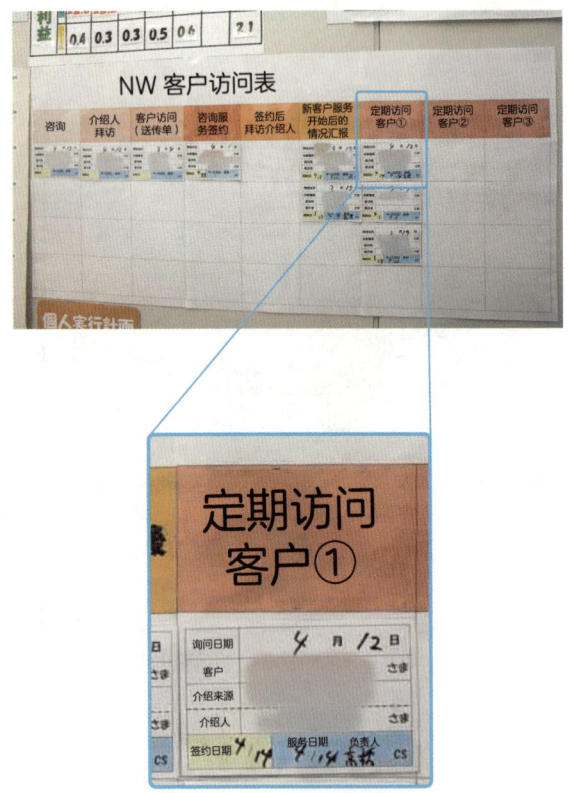

经他人介绍后获得新客户的情况下，必须记下介绍人的名字，并用表格确认是否要进行回礼访问。

图 6-10 重视介绍新客户的人，进行客户信息维护

【分论】
效果立竿见影的整顿技巧

第 7 章

员工的满意度从强制沟通开始

问题 37　为什么管理岗位要"现场陪同巡视100次"？

武藏野公司的办公室里张贴着名为"现场陪同巡视 50 次""现场陪同巡视 100 次"的模造纸（图 7-1）。我们会用便笺记录下新上任的管理者与下属一同到现场巡视的次数。原则上，我要求课长要现场巡视 100 次，部长要现场巡视 50 次。

课长的 100 次巡视中，前 50 次是为了掌握即将负责的部门的工作内容。这是为了防止上司不了解现场而发出混乱的指令，从而导致上司和下属之间的关系恶化。后 50 次的目的在于加强上司和下属之间的沟通，如分享亲人、恋人等个人生活信息，为能有效进行一对一的指导打下坚实的关系基础。

如果是首次被提拔为课长或部长，在未完成

> "现场陪同巡视 50 次"是成为部长的先决条件

图 7-1 新上任部长的"现场陪同巡视 50 次"台账,用不同颜色的便笺区分每次陪同的下属

第 7 章 员工的满意度从强制沟通开始

现场巡视之前,公司将不会发放相应的管理岗位津贴。而一旦完成巡视要求,公司就会追溯到任日期,然后按照到任时间发放津贴。

培养人才本身就需要耗费大量的时间和精力,但有些社长却自认为"这种事我早就知道",那么我想问这些社长一个问题:让员工聚集在会议室听讲师普及感恩教育,你认为员工有接受教育的收获感吗?其实,让员工学会如何工作的过程就像让孩子学习骑自行车一样,如果只是讲座学习,那么无论费多少口舌都没有用。因此,在让他们"学"之前要先让他们"动"起来,"思考"之前要做的是"行动"。

另外一个关键点在于个别指导。每个人在第一次骑自行车时摔跤的地方都不一样,因此才需要结合个人情况进行说明指导。此外,只有当员工开始独立思考时,他们的成长才会更加迅速。

在这种模式下,一位老师最多带 3 名学生。如果学生人数超过4个,那么较差的人就会在老师的眼皮子底下偷偷开溜。当然,理想的情况是一对一。比起全部人坐在会议室里一起听讲座学习,这种方式的时间、精力和成本都更高。但如果你不付出这些成本,员工就无法被培养成才。因此,我要求新上任的管理者一定要下属陪同着现场巡视100次,一对一地指导下属。

当然,如果是中小型公司引进这样的制度,现场的负担就会过重,员工也会因此而怨声载道。我们将无法更好地为客户服务,最终输给竞争对手。因此,我们公司会运用IT技术来提升工作效率,将行政压力减到最低,为员工与客户沟通争取更充分的时间。

模拟情景式的人才培养和数字化提升效率是推动中小企业向前发展的车之双轮。

> **答**:强制上司给下属进行个别指导。

第 7 章　员工的满意度从强制沟通开始

将陪同巡视日程化

图 7-2　我们准备了可以吸附在日历上的磁铁，何时、哪位下属陪同店长巡视，这些信息都会被放入日程表当中

通过"现场陪同巡视 1000 次"大力培养人才

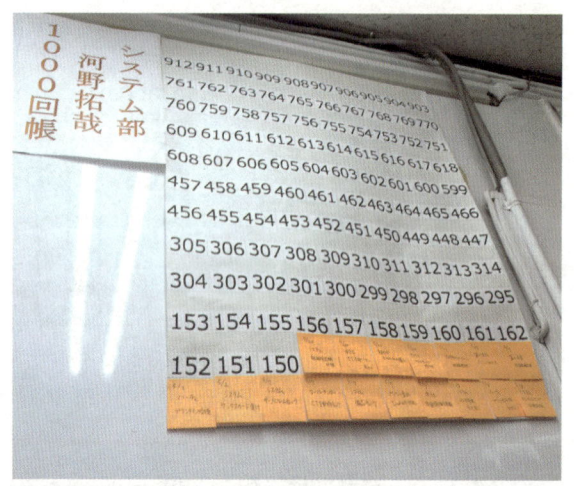

图 7-3　在系统部门，缺乏专业知识的员工新上任时，会被要求前往现场 1000 次

问题 38　允许报销"单独吃饭"费用的原因是？

我们公司明确规定上司和下属要出去"单独吃饭"。上司每个月都要和下属一对一地出去吃一次饭，而且禁止连续两个月和同一名下属出去吃饭。只有一个下属的情况下，可以三个月去一次。我们甚至明文规定了这一做法。

此外，单独吃饭之后要提交一份报告材料，而且必须附带发票和证据照片（图7-4）。为了能看得更清楚，我们把报告张贴在了公司会议室的墙上（图7-5）。

要求提供如此详细的报告的原因是什么呢？因为我们公司会为每一对单独出去吃饭的上司和下属提供5600日元（折合人民币约300元）的餐费补贴。此举是为了防止不正当收受金钱吗？虽

单独吃饭的报告材料

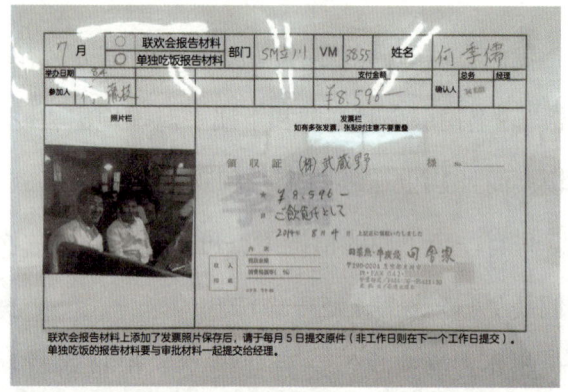

图 7-4 定期与下属一对一地吃饭是上司的义务。虽有补贴，但需要提交照片等报告材料

第 7 章 员工的满意度从强制沟通开始

"单独吃饭"的可视化

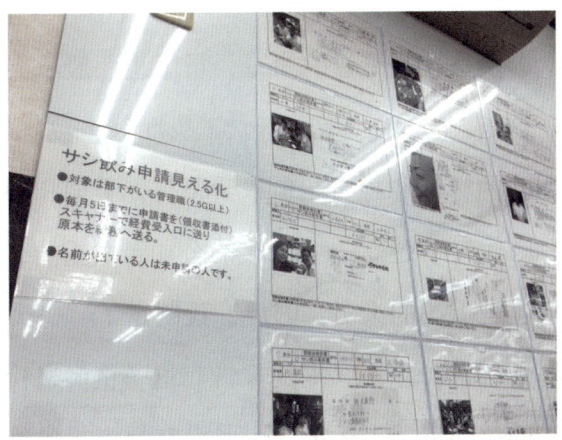

图 7-5 总部会议室张贴着"单独吃饭报告材料"。所有员工都知道哪个上司、曾在什么时候、与哪个下属吃过饭

193

然你可以这么理解这一补贴，但它的本质并不在此。最关键的目的是防止社长下达"强制指令"——社长认为"员工应该这样做"，就下令让员工这样做了。

即便是社长下达的命令，员工也一般不会去做，这是人的本性。想要让员工执行命令，就必须有明确的标准和检查机制。我坚信，上司和下属单独吃饭对于建立一个赚钱的公司至关重要，而且这也是上司的义务。因此，我制定了"每月一次"的标准，并用"提交报告"这一机制来检查标准的遵守情况。连续一个月没有提交报告的主管人员将被要求写检讨反省。如果半年内有两次检讨，则奖金减半。

如果不做到这种地步，员工就不会认为"社长是来真的"。他们可能会旁观等待，认为"社长只是一时兴起，说不定过段时间就忘了"。如果你只是淡然地说一句"要和下属多多沟通啊""找机会和下属单独出去吃饭谈谈事情啊",那么员工是绝对不会行动的。

为什么上司和下属单独吃饭聊天很有必要呢?因为上司不可避免地要批评下属,而沟通不足的上司和下属会使双方的关系更加紧张。当员工在工作上出现失误时,我们当然不会对其进行人身攻击或诋毁其人格。只批评事,不批评人,这是铁一般的原则。

然而,无论上司如何冷静地批评,下属都可能产生对抗情绪。根本原因在于,上司和下属之间没有建立起一对一的关系。"对上司来说,我不过是他众多下属中的一个。"员工是带着这样的距离滤镜看待上司的。简而言之,就是一对多的关系。在这种关系的基础上批评下属,无论多么有理,下属都会气不打一处来。他们会觉得,"上司明明不了解我,却在不断践踏我的内心"。因此,在批评下属之前,上司要先和他们建立起一对一的关系。而这时候，单独约出去吃饭就派上用场了。

我们公司还会指导管理层怎么与下属喝酒聊天。前15分钟，上司先从自己的故乡、家庭、昔日的恋人等个人隐私话题开始谈起，先破冰。听了这么多上司的事情，后面15分钟就轮到下属谈自己的大致情况了。这一整套流程下来，总能找到相互契合的地方，双方关系自然就能更进一步。

> **答**：明确规定"单独吃饭"这件事是上司的义务，为员工执行命令提供明确的标准和检查机制。

问题 39　让员工写感谢卡有什么教育成果？

激励员工的最佳和最有效的方法是什么？相信大多数人凭直觉就能得出正确答案，那就是在工作中被表扬。但即便如此，会表扬下属的企业经营者和管理者也很少见。表扬下属不需要花费一分钱，所以不赞美他们反而是一种浪费。

无论企业规模大小，亏损的公司都有一个共同点：企业经营者和管理者都不擅长表扬他们的下属。明明有一些方法可以零成本激励员工，他们却没有认真实施，业绩自然也得不到提高。

武藏野公司的每个部门都有一个专门用来放感谢卡的架子，而且公司上下都知道架子的存在（图7-6）。当他们想在工作中表达谢意时，就会把自己的想法写在卡片上，然后交给想要感谢的

感谢卡的数量

图 7-6　我们为所有员工准备了放感谢卡的架子,可以展示卡片送出的数量及收到的数量

人。这个架子传达的信息包括：员工上个月写了多少张卡片、送出了多少张卡片，以及收到了多少张卡片。

这样一来，所有人都可以轻易得知谁写了很多、谁收到了很多。数量少的员工会觉得自己脸上无光，所以感谢卡的流通数量会大大增加。现在，我们公司有760名员工，而每年的感谢卡流通量大概是7万张。

以这种半强制性的方式让员工写感谢卡，可能会让一些人产生抵触情绪。但如果任其自然发展，无论是企业经营者、管理者，还是员工，都永远不会说出"谢谢"两个字。我自己就是一个鲜活的例子。30年前，我不仅不会表扬我的下属，还是一个粗暴的社长，公司的业绩也因此十分低迷。

感谢卡制度只是从一个伙伴公司那里复制过来的。真正去做的时候，你就会发现赞美别人十分困难。要赞美一个人,你必须非常仔细地观察他,而且还要用语言表达出他独有的优点,这十分麻烦。如果你不是一个圣人,那么你是不会主动做这些麻烦事儿的。但如果强制坚持实行,即使是普通人也会有所改变。注意到下属的长处,从不会赞美到信手拈来,这就是成长!

感谢卡制度不仅激发了员工的干劲儿和激情,也强化了赞美者的注意力。其中,感谢卡的第二个好处对人才培养更加有效。由此,员工得到成长,公司前途变得更加光明,业绩也有所上升。所以,强制写感谢卡的举措是无比正确的。

我每天都在倾听管理者的心声,寻找赞美的素材,找到之后就给员工写明信片、发语音邮件。这项活动每天要花费一小时的时间,虽然和过去相比我有所改变,但这并不意味着我就成了圣人。但感谢卡让我注意到一个事实:要建立一个赚钱的公司,就必须找到管理者应该做的事情。严厉痛斥员工是愚蠢的，一直赞美他们才是明智的选择。

> **答**：激励员工仔细观察他人，提高洞察力。

问题 40　如今，企业间的竞争争夺的是？

"择取优秀人才录用。""辞退没有干劲儿的员工，让优秀的人取而代之。"……我想这是许多管理者的心声。如今，这一战略已经不再适用了。这样奢侈的时代已经过去，公司之间的竞争规则已然发生了转变，竞争的基准从"销量争夺战"转向了"人才争夺战"。这个改变如此之大，大到甚至可以比肩1980—1990年的企业转型。那时候，大量生产型的企业逐渐衰落，而少量多品种类型的企业崭露头角。

近年来，很多公司因劳动力短缺而倒闭、破产，这一话题引发了人们热议。我所指导的公司当中也有发出这般悲鸣的，他们明明可以争取海量订单，但苦于缺少人手，白白流失了很多机会。

因此，比起确保营业额，公司的经营重点应该优先集中在确保人才上。只要能保证一定数量的人手，营业额自然会上涨。极端地说，这正是未来企业管理者的经营策略。

同时，公司与雇员的关系也发生了变化。想就业的人增多了，企业选人的时代已经结束，现在是员工选择公司的时代。

但是，我们没有必要为此感到悲观。当游戏规则发生变化时，只要能迅速适应新的规则，就会有转机。

> **答**：企业竞争从"销量争夺战"转向"人才争夺战"。

明确规定晨会站立的位置

图 7-7 用胶带划定晨会站立的位置,能够迅速进入正题,有效节省时间

问题 41　"真浪费啊"是正确的价值观吗？

人才争夺的关键在于提高生产效率，加强环境卫生整改和业务改善。此外，还需要增加设备投资。

我们公司的所有部门都安装了网络摄像头，可以立即确认哪位员工在座位上，非常方便。iPad刚上市时，我们公司就大量购买并向所有员工和兼职人员分发了600台。而中小企业的社长对这种投资望而却步，他们认为这将花费巨额资金。但认真研究之后就会发现，事实并非如此。如今，电子设备越来越便宜，我们公司购买的这种类型的网络摄像头单价也就是5万日元左右（折合人民币约2669元），是企业能够负担的水平。

日语里有个词叫作"浪费"，我认为这也是家

iPad 纵览全局

图 7-8 所有部门都装有网络摄像头。通过显示器可以观察整个公司的情况

图 7-9 可以在 iPad 上查看监控的情况，甚至能看到部门在白板上贴的磁铁

庭生活中应该重视的概念。但是放在企业经营层面来说,如果你带着这种独特的日本美学进行经营管理,那可能会产生很大的弊端。不断投资对提高生产效率至关重要。即使旧电脑还能用,但如果有性能更好、能更快提升工作速度的新机型出现,就要立即扔掉旧的,购买新的。也就是说,如果不舍弃"真浪费啊"这一价值观,就无法建立一个赚钱的公司。

> **答:** 这一价值观在持家方面可行,但在企业经营方面不可取,会降低企业的生产效率。

【组织架构篇】
实力强大的现场 = 检查 + 水平展开

第 8 章

确定标准后再检查

问题 42　下令让员工行动之后，应该做的事情是？

武藏野每四周都会出现一次特别的、令整个公司都充满紧张气氛的场景，那是因为我们正在实施"环境卫生改善检查"。社长和高层花一天时间巡视所有部门，检查各部门落实整理、整顿、整洁等卫生环境改善要求的情况。我们会给不同部门的 21 个项目打分，连续三次获得较高分数的部门，每个人将获得 2000 日元的奖励，较低分数的部门则会被扣奖金。

图 8-1 是清晨环境卫生检查中的一幕场景，员工正在窗外认真地擦着玻璃。看到此情此景的人可能会感叹于武藏野公司员工认真的态度，而实际情况正如我在前文所说的，他们其实是在金钱的诱惑下才这么做的。

员工卖力擦窗的原因是？

图 8-1　员工一大早就在卖力地打扫总公司二楼的窗户，原因是……

第8章 确定标准后再检查

通过环境改善来教育员工的管理方法并不是我的独门秘籍。这是我遵从传说中的传奇顾问、已故的一仓定先生的教诲所做，武藏野的创始人、已故的藤本寅雄先生也曾致力于此道。我的原创做法只有让社长和高层检查环境卫生改善的执行情况这一制度。

给下属下达命令后，如果下属给予了肯定回复，社长和高层就会松懈，因为他们相信下属的肯定回复等于他们会去做。然而，口头承诺和行动落实是完全不同的两个层面。主管必须亲临现场，以保证下属会切实兑现他们的口头承诺。

从藤本寅雄先生掌管公司开始，我亲眼看到了许多即使被要求"做好环境卫生改善工作"也会选择偷懒的人。当时，身为员工的我自然也偷懒了。因此，在我当上社长并宣告要将公司的环境卫生改善做到行业第一之后，我就对现场进行了检查。而且，我还会提前通知"我要在几月几

> 通过检查和褒奖，让员工习惯环境卫生改善

图 8-2　员工卖力打扫卫生的行为会被打分，如果获得高分受到褒奖，员工就会更加卖力

第8章 确定标准后再检查

日检查"。这就是环境卫生改善的开始。

只要规定了检查日期,那么员工即使再不情愿也会进行环境维护。他们会在什么时候行动呢?答案是在检查的前一天或当天上午。他们会在截止日期前匆忙完成,而批评这类员工的行为是十分愚蠢的。

> **答:** 提前告知检查日期,切实执行检查。

问题 43　社长到现场巡视就足够了吗？

明明只需要最低限度的努力，有的员工却会尽自己最大的努力去做，这时候你必须当心。每个员工都会以自己的方式努力工作，为整理、整顿和整洁尽力而为，但结果往往因人而异。

我会在检查的时候打"〇"或"×"。被打"×"的员工感到不满，他们觉得："明明我都这么认真做了，怎么会是这样的结果？"于是，我注意到了一件事情，"如果你不让员工亲眼看一看，他们是不会心服口服的"。

根本问题在于我和员工的价值观不一致。我认为的"干净的现场"和"脏乱差的现场"的区分标准员工并不知晓。原因在于，我没有和他们一起看过现场。巡视现场时，我没有与员工确认

第 8 章　确定标准后再检查

灯管和电脑显示器都仔细擦拭

图 8-3　这张图片也是早晨环境卫生检查的一个剪影。员工在仔细擦拭荧光灯和电脑显示器

每一个角落,"这儿是干净的""这儿是脏的",没有和他们达成价值观共识,也没有统一干净和脏乱差的标准。

此后,在进行环境卫生改善检查时,我都会让员工陪同前往。而且,我还会交给陪同的员工部分检查任务。由此,他们也能够理解我打"×"的原因。他们会觉得,"这个部门的确做得比我们好""我们虽然很努力,但和其他人相比,果然水平还有差距"。

我曾打过这样一个比方:"你说 100 遍'那家店里有一个十分漂亮的女孩儿'也无法准确传达这一信息,因为审美标准因人而异。"因此,即使你不停地复述自己的标准,别人也无法理解。但如果你和他一起去看那个美丽的女孩儿,即使只看了一次,别人也会知道那个女孩儿有多漂亮。

如果只有社长一个人检查现场,那么公司不会有任何改变。要和员工一起去现场,统一时间

一天内走遍 1 区 7 市的 26 家子公司

图 8-4 环境卫生改善检查当天,社长和高层会巡视包含总部所在地东京小金井市在内的 1 区 7 市的 26 家子公司。一天大概要走 1 万步

和地点，并使价值观保持一致。虽然这需要付出时间和努力，但稳定踏实的积累是建立强大公司的第一步。

> **答**：不够。社长如果没让员工看过现场，他们就无法理解社长的想法。

第 8 章　确定标准后再检查

能否狠下心来打"×"?

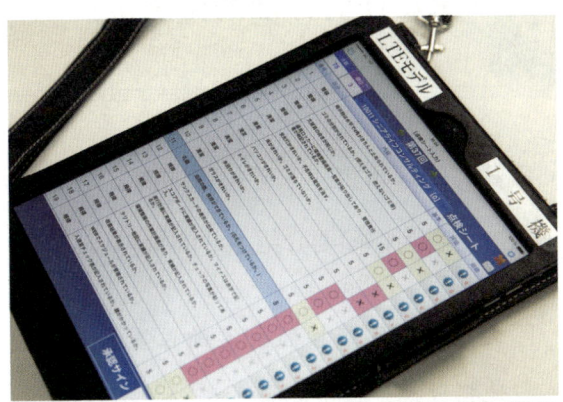

图 8-5　打分是在 iPad 上完成的。社长和高层分工完成检查表项目的打分。评分结果会立即同步，进展及时、迅速

图 8-6　一位高层正在打分。检验高层是否适合管理岗位，就看他能否狠下心来给员工打"×"

问题 44 决定评价标准的秘诀是？

武藏野的环境卫生改善检查的内容是什么呢？接下来，由我为你简要介绍主要的检查项目。

☐ 文具是否已经按照规定的位置和朝向整齐地摆放。

☐ 张贴材料是否用四个点固定。

☐ 张贴材料是否是横向张贴。

☐ 工具清单一览表上的数量是否与实际数量相符。

☐ 查看灯管型号，确定方向是否对准。

☐ 迅速摸灯管，检查手是否会被弄脏。

☐ 移动电脑时，检查周围是否有污渍。

☐ 用棉棒擦拭键盘和显示器的边角，检查是否有灰尘。

第8章 确定标准后再检查

这些都是相对易懂的整理、整洁的检查项目。

此外，检查内容还包括是否采用了武藏野独家的做法。例如，员工是否按要求填写了如图5-2所示的按部门划分的月度利润和营业利润的表格，相关部门是否严格公布了如图9-1所示的3个月的业务改进表内容。

简而言之，我在检查表上增加了越来越多的内容，如针对"即使公司下令，员工也不怎么积极执行"等问题进行检查。环境卫生改善检查的分数会反映在部门所有成员的人事评估中，影响他们的奖金数额。因为事关金钱，所以员工会拼命落实。如此一来，公司的政策深入到基层的各个角落，一个执行力强大的组织就被建立起来了。

环境卫生改善检查的项目是由员工更新的，我的作用只是批准员工的建议。因为员工认为，自己的建议转化为公司的政策是一件非常有意思的事情，因此非常乐意出谋划策。这样一来，现场

一粒灰尘都不能容忍

图 8-7 评价标准是迅速摸灯管，检查手是否会被弄脏。即使是灯管型号那一侧没有统一对齐，也需要打"×"

图 8-8 在鼠标背面或键盘缝隙等处选择容易积灰变脏的地方，然后用棉棒擦拭。如果有灰尘，结果就不过关

要求的水平不断提高，员工的这一做法虽然是自己在给自己加码，但他们也很乐意这么做。

读到这里，有些读者可能会决定在自己的公司内部也开展环境卫生改善检查。对于这类读者，我想特别提醒一件事：刚开始不要把评价标准定得太高。这不仅适用于环境卫生改善检查。许多公司之所以失败，就是因为他们开始设定的评估标准过于严苛。

试想一下，你会如何让孩子自发地学习？聪明的辅导机构会这么做。首先，将学生在刚进入辅导班时参加的第一次考试题目设置得比较简单，使所有人都能获得高分。紧接着，母亲会表扬孩子"做得好"，孩子受到鼓励后就会更加努力地学习。其次，将下一阶段的考试题目的难度设置得只比上一阶段难一点点，这样即便考试难度加大了，孩子们也能因为在不断学习而拿到高分，并保持学习的积极性。这样一来，就可以避免让孩子们背负不必要的压力，使他们能够切实地提高自己的水平和能力。

然而，许多辅导机构的做法正好与此相悖。他们一来就给学生设置难度较高的考试，使学生取得低分，失去学习动力。许多公司在员工培训当中正是重蹈了这些辅导机构的覆辙。

进行环境卫生改善检查时，我主要专注于两件事情。第一是把满分设定为120分。如果满分是120分，即使被扣掉20分，最后的结果也有100分。这个数值刚好是一般学校考试满分的数字，所以我觉得这一设定会比在100分中拿到80分要更加让人高兴。

第二是评分时稍微放宽标准，以便一些部门可以拿到120分。拿到110分、115分的部门只要再努力一点就能得到满分，所以他们会朝着满分的目标努力。等整体水平提高后，再把评分标准调回原来较高的水平。

经过多年的努力，武藏野的每个角落都干净得闪闪发光。到现在为止，来访者都对我们公司的整洁程度赞不绝口，这大大提高了我们员工的积极性。

而你现在需要做的就是改变想法，要从"如果员工足够努力就他们给打满分"转变为"一开始就给员工打满分促使其努力"。在未来人才短缺越来越严重的情况下，这难道不是一个更加有效的方法吗？

答：让员工拿满分，促使其干劲儿满满。

> **齐心协力赢取餐券!**

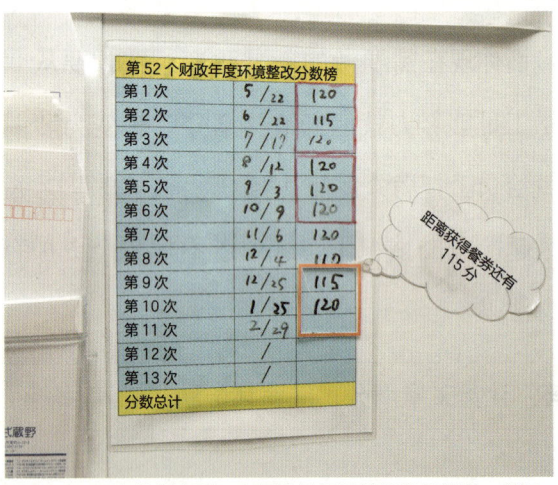

图 8-9 三次总分达到一定标准的部门就能获得餐券。部门上下齐心,为获得餐券而努力

问题 45　规范员工行为的秘诀是？

武藏野公司早会的参观者会对早会开始时的"管理理念"和公司"七大精神"的喊口号活动感到惊讶。所有员工站得笔直，似乎要喊破喉咙般大声地喊口号。很多社长想了解其中的原因："为什么在现在这个时代，还能培养出纪律性这么强的员工？"

答案其实很简单，就是让他们练习。我们会在每年一次的经营管理计划发表会议和半年一次的政策学习会议上，优先挑选两位年轻员工担任领读者，带头喊"管理理念"和"七大精神"。会议当天，两位领读者带头喊出"管理理念"和"七大精神"后，其他员工就会跟着他们一起大声读出来。领读者是一个十分重要的角色，因此被选中的员工十分紧张。

此外，在彩排的时候，我们会用音量检测仪测定领读者声音的大小，标准为男生100分贝，女生95分贝，如果没有超过这个音量就会判定为不合格，他们需要练习到合格为止（图8-10）。

刚开始的时候，到合格为止的练习往往需要花费1小时。领读者音量不达标，彩排就不会结束。因此，所有人都会竭尽全力。一旦被选为领读者，员工自己会志气满满，也会受到来自上司和同事的压力——他们期待领读者加油努力。因为所有人都希望早点儿结束彩排，争取在正式喊口号前能休息一段时间。

虽然动机并不单纯，但在不单纯的动机的驱使下，全力以赴大声诵读成为常态，也给来访者留下了深刻印象。他们纷纷夸赞："没有一家公司拥有如此多懂礼貌且行为规范的员工。"

在培养懂礼貌、行为规范的员工方面，你不能等员工自己发生想法上的转变。而且，仅

第 8 章 确定标准后再检查

用音量检测仪测定声音大小

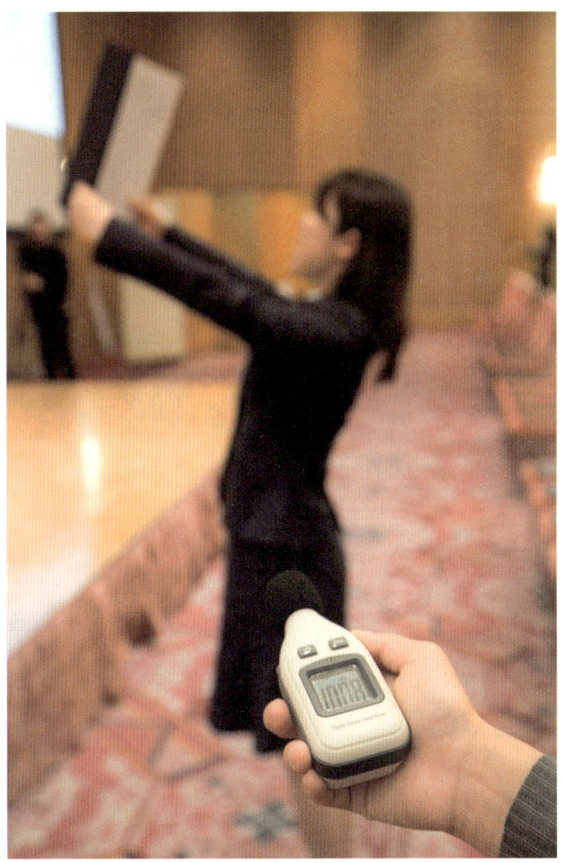

图 8-10 用音量检测仪确认宣读"管理理念"的音量,如果不符合标准值,就要重新宣读

凭社长一个人的力量去培养员工的美好品德本身就是不可能的。认为凭一己之力就能扭转的行为既是过度自信，也是过分傲慢。因此，我选择利用"不单纯的动机"迫使员工做出行为上的改变。在强制要求下，所有员工不得不采取讲礼貌且正确、规范的行为。

要改变员工的行为，工具必不可少。所谓工具，就是指音量检测仪。如果只是含糊地让员工"大点儿声"，员工也不知道多大声才算大声。因此，要使用工具并明确规定大声的标准：男生要达到100分贝，女生要达到95分贝。接着，再用工具检查是否达到标准。如此一来，员工的行为就会有所转变。

行为的转变会带来情绪的变化。受到来访者的赞美后，员工会感到开心，在大声宣读"管理理念"时，他们也能感受到齐声诵读的酣畅。不知不觉中，员工的思想也会发生改变。

"由形入心"。环境改善背后的这一理论也适用于礼仪和纪律。

> **答**：用数字体现行为的标准。

【组织架构篇】
实力强大的现场=检查+水平展开

第 9 章

公司内部借鉴，一起迈向未来

问题 46　视察优秀企业之前，应该让员工看的地方是？

武藏野的所有部门都有一块被叫作"黄板"的材料张贴处，如图9-1所示。相关部门会在黄板上用A4纸张贴出该部门实施的三项业务改进内容。需要重点关注的是材料下面的评价栏。除了评价结果以外，评价栏里还标有评价人的姓名、所属部门和评价日期。我们的规定是：评价者必须是不同楼栋、不同部门的人。在环境改善检查中，如果评价人并非公司所规定的其他部门的员工，那么该部门就要被扣分。此举的目的在于，要将评价活动变为"让员工去看看其他部门"的教育活动。

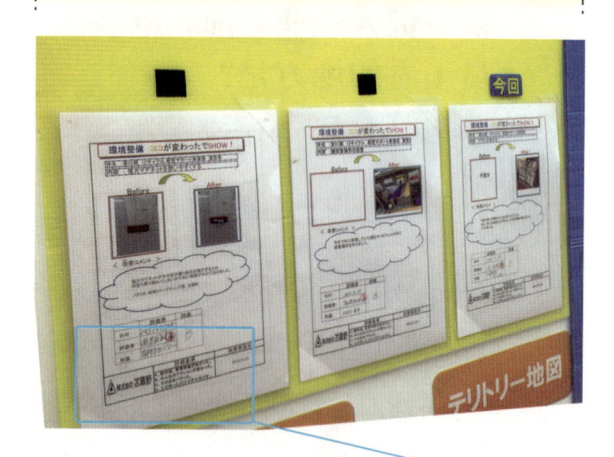

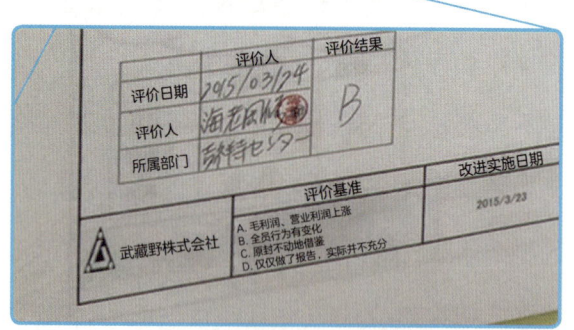

报告的核心是评价部分。通过让不同部门的员工对其他部门进行评价，创造"公司内部视察"的机会。

图 9-1　每个部门每月实施一项业务改进，并编写一页 A4 纸的报告。要求在黄板上公布出 3 个月的改进内容

第9章 公司内部借鉴，一起迈向未来

不赚钱的公司有一个共同点：员工不了解公司其他部门的情况。不仅不了解，他们甚至连看都没看过，也从未踏入过其他部门的领地。举个例子，被分配到酒店前台的人员只待在前台，从未去过客房或厨房。结果，前台只知道前台的情况，负责客房的只了解客房的情况，后厨也只对厨房熟悉，整个酒店找不到一名员工可以向客人介绍酒店的整体情况。

这些章鱼陶罐①式的公司经常让员工去视察竞争对手的公司，说白了，这么做只是在浪费时间。业务改善最有效的方法是水平推广已经在公司内部取得成效的举措。其中的原因是什么呢？

第一，成功概率高。很多公司在借鉴其他公

---

① 章鱼陶罐：捕捞章鱼的工具。利用章鱼喜欢钻洞穴的习性，把一个个罐子钻上孔，用绳子串在一起沉入海底，章鱼见到了泥罐，都争先恐后地往里钻。作者在此借"章鱼陶罐"形容部分公司像章鱼钻入陶罐一样，只能做一件事情，无法兼顾其他。（译注）

司的成功案例时，由于前提条件不同而大多以失败告终。如果是在公司内部的借鉴，前提条件就是相同的。第二，它提高了被借鉴的部门员工的积极性。第三，它提高了员工的观察力。借鉴其他部门的做法并取得成效后，员工看待其他部门的角度就会发生改变。他们会认为，在日复一日熟悉的场景中总会隐藏着一些对自己工作有用的东西。在这样的看法下，他们能注意到以前没有注意到的地方。至此，业务改进也就按下了加速键。

培养这类能注意到公司内部差异的员工，对视察优秀企业、对标优秀企业、察觉自己公司和其他公司之间的差别等都有益处。

> **答**：应该让员工观察公司内部其他部门的情况。

问题 47　让注意不到的员工注意到的方法是？

不作为的员工主要分两种：一种是注意不到他人正在实践的好方法，另一种是明明知道好方法但觉得太麻烦而不去付诸实践。哪种员工更容易指导？答案显然是后者。有很多方法可以改变因为嫌麻烦而不去做的员工，而且很快就能看到效果。但是要改变因为没有注意到而不去实践的员工，那就不是一朝一夕能实现的了。

那么，企业应该如何培养这种观察能力较强的人呢？许多管理者会用"训话"的方式，结果显而易见，他们看不到一点成效。我会让员工观察其他部门，并且还会设置一个"作弊机制"。武藏野公司在员工教育培训方面有个叫作"巴士巡视"（Bus Watching）的做法。正式员工和兼职员工要花一天时间观察公司的每个部门。这种培训一年举行十几次,每次参加的人数大约是30人,且每位员工每年必须至少参加一次。培训当天,我们会包租一辆大巴,并给兼职员工发放日薪。

此外,每个部门现场的员工都要发表"3用心",即选择3处自己在整理、整顿或业务改善方面特别付出努力的地方并进行说明。此举的目的主要有两个:第一,将在其他部门已经取得成效的"好方法"在整个公司内部全面展开。第二,也是更重要的一点,培养员工的观察力,让他们能在看似平常的日常工作中注意到其中隐藏的玄机。

所以,在巴士巡视培训中,我要求正式员工至少写下50个"今日观察到的细节"并提交,兼职员工则要写20个以上。能够完成这一任务的员工会获得500日元(折合人民币约为27元)的奖励,因此大家都奔着50个、20个的目标努力。

第9章 公司内部借鉴，一起迈向未来

但是，一个人要写几十个注意到的细节难度是很大的。随之而来的，就是"作弊机制"了。在巴士前往下一个地点的路上，我们会让员工逐一发表他们在上个地点注意到的地方。其他人在听的时候，如果发现有自己没有注意到的细节就会专心倾听，并心领神会地记录下来。

在接受培训之前，一些人会打心底里认定某个同事或后辈工作不出色而把他们当成傻子。而当他们看不起的这些人说出一番让人惊艳的观察内容时，他们就会非常不甘心，"我怎么会输给那个人"，从而给他们留下极其深刻的印象。巴士巡视培训的这一点特别好。在培训中，员工既动了手又动了脑，尤其是不甘情绪被激发的瞬间，他们的观察能力的确有所上升。

还有一个做法是用金钱促使员工"抄作业"。有人可能会对这样的做法感到不快，但是人原本就是懒惰的生物，在没有任何激励机制驱使的情

巡视全公司并记下 50 个细节

图 9-2　员工每年必须参加一次巴士巡视培训,而且一天内至少要写下 50 个观察到的细节

第9章 公司内部借鉴，一起迈向未来

况下，指望他们自己主动发现至今从未注意过的细节是不可能的。所以，我们公司专门租了巴士，提供奖励和日薪，强制让员工去观察。

答：让员工"抄作业"。

秩序井然地走动巡视

图9-3 巴士巡视培训活动组织30名员工去观察1区7市的26个子公司。培训过程中，员工需要有序地行动，有时还会用到对讲机

图9-4 培训时可以乘坐公共汽车和地铁，有时也需要步行。步行距离也很长，一天要走1万步。这种培训对体力要求较高

问题 48　一心想改变公司的社长会陷入什么误区？

社长一心希望能够改变公司，这本身是一个再正确不过的想法。创建一个强大公司的前提条件就是不断做出改变。但大多数社长常犯的错误是，他们试图一下子改变太多东西。员工在一次又一次重大改革计划的修改中精疲力尽，最后却什么都没有实施，饱受重挫。又或者是在接连不断杂乱无章的指示下，员工陷入一片混乱，所有事情都半途而废。最后的结果是，公司没有发生任何变化，时间却白白流失了。

我虽然要求我的员工不断做出改变，但我每次都会告诉他们"一次只需要改变一个地方"，还会强调"你只需要做一件最简单的事情就好"。

在巴士巡视培训结束后，员工上交自己的观

察报告时，我要求员工从中择取一个自己实践的内容进行申报。武藏野拥有的员工数量是760人，巴士巡视培训的人数，包含正式员工和兼职员工在内，每年约有400人。400人一人做出一个改变，整个公司就会收获400个变化。

实际上，选定后申报的人群当中，能够把选定内容付诸实践的也就是一半多一点。即便如此，那也有200个地方会发生变化。在拥有760名员工的情况下，一年产生200个以上的变化，整个公司就会脱胎换骨。而且，这种改变并不是社长视角决定的，而是员工自己认为有助于提高工作效率的、自主选择的、基层视角的变化。

如果只是社长一个人的想法，一次性想做出数百个改变，那么企业将永远不会成功。但如果是数百名员工能够立即着手做出的改变，那么公司百分之百会获得巨大的成长。

> **答：** 不可以一次性追求过多改变，专注于一项即可。

第 9 章　公司内部借鉴，一起迈向未来

赶快展示你的 Idea（想法）吧！

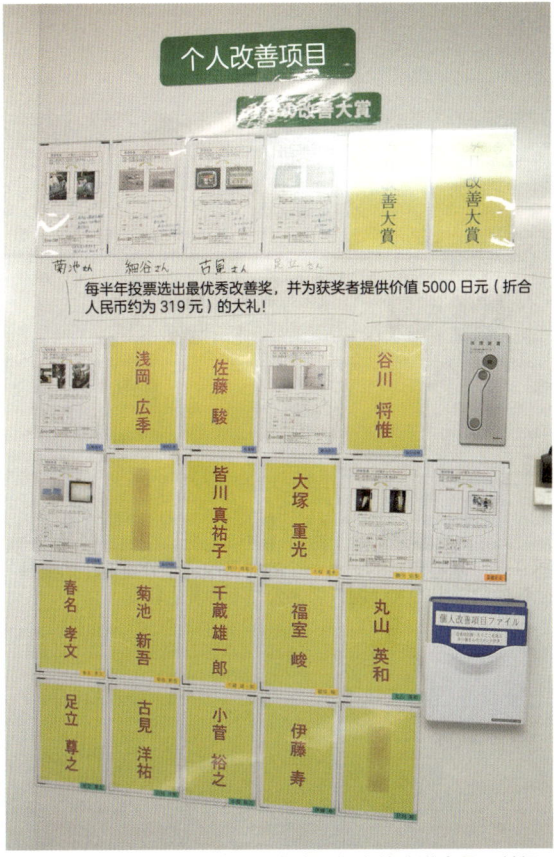

图 9-5　有些部门还会收集所有成员提出的改进意见，并把每个人的意见材料插入一个写有个人名字的文件夹中

> **一人一个改变，实现公司大转变**

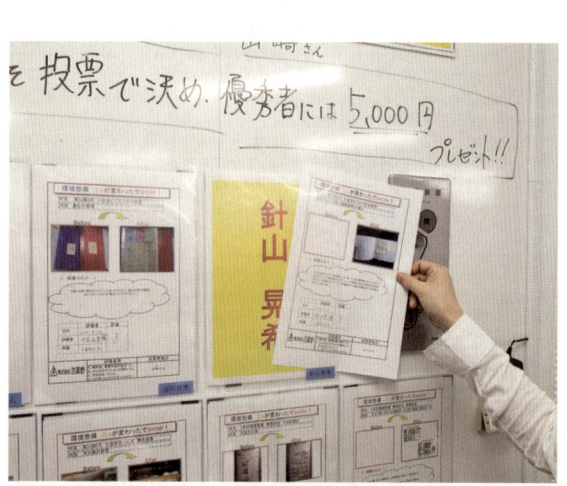

图 9-6 基层自发的一人一个的业务改进十分重要。如果是社长视角提出的大计划，那么公司不会发生转变

后记

2016年4月的年度报告中,武藏野公司连续14年实现业绩增长,营业额高达54.58亿日元(折合人民币约为2.9133亿元),与2014年同期相比,实现了11%的增长。经常性净利润约为5亿日元(折合人民币约为2669万元),经常性净利润率超过了9%。回顾公司过去的成绩,可以说这是一个奇迹。

大约30年前,我从已故创始人藤本寅雄先生手中接过了公司的管理权。当时,武藏野的营业额只有7亿日元(折合人民币约为3736万元),而且常年亏损。担任社长后,我制订的第一个中期管理计划的业绩目标是15亿日元（折合人民币约为8006万元），而后在5年内成倍增长。当时这被认为是不可能实现的目标，在我们固执的坚持下却得以实现。此后，在一次又一次的挫折中，在我们一次又一次鲁莽无畏的挑战下，武藏野公司不仅实现了"营业额50亿日元"（折合人民币约为2.6688亿元）的目标，利润也获得了大幅增长。除了奇迹以外，我没有其他词语可以形容这个成就。

这样的奇迹是如何发生的呢？接下武藏野的指挥棒后，我首先提出了一个大目标："在环境卫生改善方面，带领公司走向行业第一！"目标提出时并没有很深刻的原因，只是因为当时指导我的老师，已故的咨询师一仓定老师常说："环境改善非常重要。"我刚上任社长，最开始制订管理计划的时候，也是遵从了一仓老师的教诲。

无论做什么，一开始做到差不多就可以了。

后 记

一仓老师指导的中小型企业中,有许多公司的业绩实现了持续增长。我想,要不我就直接参考借鉴这些已经取得成果的方法吧。带着这一想法,我在环境卫生改善方面投入了大量精力,并尝试制订了管理计划。刚开始我根本不知道为什么要这么做,而实际操作之后,我切身体会到了环境卫生整改的意义和管理计划的意义。

我希望有更多人能在这本书中找到可以借鉴的方法并付诸实践,也希望人人都能成为创造出生机盎然的职场的英雄。

小山升（Koyama noboru）
武藏野株式会社社长兼董事

1948年生于日本山梨县。从东京经济大学毕业后，于1976年加入武藏野公司。当时，武藏野公司名为日本服务贸易公司（Nihon Service Merchandiser K. K），主要业务内容是得斯清的加盟店业务。其于1977年离开，创建了毛巾租赁业务公司。1987年，应武藏野创始人、已故藤本寅雄先生的邀请，再次加入武藏野，并于1989年被任命为社长。上任后宣布要大力整顿亏损的吊车尾企业武藏野，把它建设为环境改善方面的行业翘楚。他大力支持以整理、整顿为中心的人才培养，大刀阔斧地进行了管理改革。2019年5月，销售额从他开始担任社长时的约7亿日元增加到54亿日元，使武藏野成为日本第一家两次获得日本管理质量奖的公司（2000年和2010年）。基于这些经验，除了维持得斯清的业务之外，他还为中小型企业提供管理指导。在立足现实、把握人性、建立组织架构方面享有盛名。他指导的公司超过750家，其中有400余家公司创下了最高利润的纪录。每年有超过2000名中小企业经营者和管理者到武藏野公司现场参观，前来学习环境改善等其他技术。累计参观人数超过5万人。